V&R

Praktische Theologie konkret

Band 2

Herausgegeben von
Hans-Martin Lübking und Bernd Schröder

Lutz Friedrichs

Bestatten

Mit einem Geleitwort von Reiner Sörries

Mit 1 Abbildung und 8 Tabellen

Vandenhoeck & Ruprecht

Bibliografische Information der Deutschen Nationalbibliothek:
Die Deutsche Nationalbibliothek verzeichnet diese Publikation in der Deutschen Nationalbibliografie; detaillierte bibliografische Daten sind im Internet über https://dnb.de abrufbar.

Umschlagabbildung: © Kzenon/Adobe Stock

Satz: SchwabScantechnik, Göttingen
Druck und Bindung: CPI books GmbH, Leck

Vandenhoeck & Ruprecht Verlage | www.vandenhoeck-ruprecht-verlage.com

ISBN 978-3-525-63406-6

Inhalt

Vorwort der Herausgeber

Die Reihe »Praktische Theologie konkret« will Pfarrer*innen sowie Mitarbeitende in Kirche und Gemeinde mit interessanten und innovativen Ansätzen in kirchlich-gemeindlichen Handlungsfeldern bekannt machen und konkrete Anregungen zu guter Alltagspraxis geben.

Die Bedingungen kirchlicher Arbeit haben sich in den letzten Jahren zum Teil erheblich verändert. Auf viele heutige Herausforderungen ist man in Studium und Vikariat nicht vorbereitet worden und in einer oft belastenden Arbeitssituation fehlt meist die Zeit zum Studium neuerer Veröffentlichungen. So sind interessante neuere Ansätze und Diskussionen in der Praktischen Theologie in der kirchlichen Praxis oft kaum bekannt.

Der Schwerpunkt der Reihe liegt nicht auf der Reflexion und Diskussion von Grundlagen und Konzepten, sondern auf konkreten Impulsen zur Gestaltung pastoraler Praxis:

- praktisch-theologisch auf dem neuesten Stand,
- mit Informationen zu wichtigen neueren Fragestellungen,
- Vergewisserung über bewährte »Basics«
- und einem deutlichen Akzent auf der Praxisorientierung.

Die einzelnen Bände sind von Fachleuten geschrieben, die praktisch-theologische Expertise mit gegenwärtiger Erfahrung von konkreter kirchlicher Praxis verbinden. Wir erhoffen uns von der Reihe einen hilfreichen Beitrag zu einem wirksamen Brückenschlag zwischen Theorie und Praxis kirchlicher Arbeit.

Dortmund/Göttingen
Hans-Martin Lübking und Bernd Schröder

Geleitwort

»Der Tod ist die Pforte zum Leben« steht am Eingangstor zum Inneren Neustädter Friedhof in Dresden. So kann man auf wenige Worte reduziert die evangelische Bestattungstheologie zusammenfassen. Doch wie tragfähig ist diese Botschaft heute? Das Dresdner Tor stammt von 1731, und die meisten Friedhofsportale trugen zu dieser Zeit ähnliche Inschriften, oft genug sogar bildhafte Motive der Auferstehung und der letzten Dinge. Aber so einfach ist es heute nicht mehr, und Friedhofseingänge sind sprachlos geworden. Bestenfalls liest man dort einen Auszug aus der Friedhofssatzung mit allen Hinweisen, was auf dem Friedhof verboten ist. Spiegelt diese Entwicklung auch die kirchliche Bestattungspraxis? Immerhin ist offenkundig, dass Bestatten schwieriger geworden ist als noch vor Generationen, was allein an der steigenden Zahl von Handreichungen, Aufsätzen und Büchern zur Bestattungskultur abzulesen ist.

Warum ist Bestatten heute so schwierig? Eine Erklärung mag darin liegen, dass die Ansprüche gestiegen sind sowohl bei den Hinterbliebenen wie bei den Bestattenden. »Mit Fried und Freud ich fahr dahin« dichtete Martin Luther 1524 im Zuge seines ersten Kirchenliederschaffens. Welche Pfarrerin oder welcher Prädikant wünschte sich nicht solche Glaubensstärke bei der Trauergemeinde, die ihr oder ihm da erwartungsvoll gegenübersitzt? Aber wer mag das noch singen? Wer mag im Trauergottesdienst überhaupt noch singen? Stattdessen wünschen sich die Angehörigen das Lieblingslied des oder der Verstorbenen am besten klangvoll und raumfüllend von einer mitgebrachten Tonkonserve. Dies soll keineswegs abwertend klingen, sondern nur an einem Beispiel verdeutlichen, mit welch hohen Erwartungen an Individualität die Trauernden kommen, wenn sie von einem lieben Menschen Abschied nehmen müssen. Inwieweit wollen und können Pfarrer*innen und Prädikant*innen diesen Ansprüchen gerecht werden?

Der Tod ist die Pforte zum Leben. Diese Botschaft in die Moderne zu übersetzen, hat man 2012 bei der Gestaltung des Eingangs zum *Predigergärtlein* genannten Urnenfriedhof der Christkönigskirche in Basel versucht. Beauftragt wurde der junge Street-Art-Künstler mit dem Künstlernamen *Paris,* der im Stil des Graffiti-Writing in großen Lettern die Worte *mors porta vitae* an das Tor sprayte. Bewusst gewählt wurde die lateinische Variante, um das Geheimnisvolle, das Andersartige auszudrücken. In der Farbwahl changieren die Buchstaben von schwarz *(mors)* nach gelb und gold *(vita).* Golden glänzen ebenfalls der Nimbus über der Inschrift und das »t« von *vitae,* das zum Kreuz geformt ist. Das i-Tüpfelchen erscheint wie eine Flamme des Heiligen Geistes. Die Botschaft vom Durchgang zum Leben durch den Tod ist hier in eine künstlerische Alltagssprache gekleidet, die sonst dazu dient, Claims abzustecken.

Das, was ich hier am Beispiel der Friedhofskultur beschreibe, unternimmt Lutz Friedrichs für die kirchliche Bestattungskultur in der Vielfalt ihrer Aspekte. Historisch kundig beobachtet er aufmerksam unsere Zeit mit ihren Veränderungen. Der alte Gedanke, Bestatten im christlichen Sinn als ein Werk der Barmherzigkeit zu sehen, tritt in seiner Aktualität neu hervor. In diesem Sinn wünscht sich Friedrichs das kirchliche Personal als »zarte Amtsbestatter«, die sich von den Nöten, Bedürfnissen und Fragen der Menschen leiten lassen – und für Würde und Humanität in der heutigen Bestattungspraxis eintreten.

Bestatten ist heute schwieriger geworden. Eigentlich sind die auf beiden Seiten gestiegenen Erwartungen eine gute Voraussetzung, um der Bestattung als dem zentralen religiösen Element im kirchlichen Handeln die ihr angemessene Bedeutung (zurück?) zu geben. Die Frage ist nur, wie geschieht dies unter den Bedingungen einer postmodernen, in Teilen säkularen Gesellschaft bei gleichzeitiger theologischer Angemessenheit?

Lutz Friedrichs entwickelt hilfreiche Impulse, die eigenen Handlungsspielräume auch in Konfliktsituationen und bei strittigen Fragen zu erweitern. In Fallbeispielen kommen auch besondere und schwierige Sterbefälle in den Blick, wenn etwa Kinder sterben oder Menschen durch Katastrophen in höchste Unsicherheiten gestürzt sind. Ganz aktuell wird die Frage des Bestattens unter Bedingungen der Coronapandemie aufgegriffen.

Heute ist mehr denn je gefordert, eine standardisierte oder gar erstarrte Bestattungspraxis durch das Bewusstsein des diakonischen Handelns und einer zeitgemäßen Kommunikation aufzubrechen. Gleichwohl hat sich an der Substanz christlicher Bestattung nichts geändert. Es stellt sich die zentrale Herausforderung, wie die alte Botschaft, dass der Tod die Pforte zum Leben sei, Menschen heute trösten und begleiten kann. Das Buch von Lutz Friedrichs kommt mit dem Titel »Bestatten« schlicht daher. Im

Untertitel drückt es aus, dass es *konkret* wird. In dieser Zielrichtung, dass Theorie praktisch und konkret wird, empfehle ich das Buch all denjenigen, die als Pfarrer*innen und Prädikant*innen in der Praxis, aber ebenso auch denen, die in Studium und Ausbildung stehen. Auch wenn der Autor seinen Schwerpunkt auf die evangelische Bestattung legt, so mag es gerade deshalb gelingen, dass die Bestattenden der anderen christlichen Konfessionen oder jene ohne Glaubenshintergrund ihr eigenes Profil schärfen.

Kröslin im Mai 2020
Reiner Sörries

Apl. Prof. Dr. Reiner Sörries war 1992–2015 Direktor des Zentralinstituts und Museums für Sepulkralkultur in Kassel.

Vorwort

Schon seit längerer Zeit befasse ich mich mit dem Thema »Bestatten«. Das Schreiben des Buchs gab mir die Möglichkeit, meine Einsichten unter praktisch-theologischer Perspektive zu bündeln.

Ein Buch über das Bestatten zu schreiben, löst unweigerlich persönliche Erinnerungen aus. Meine erste Erinnerung zum Thema »Bestatten« ist die Bestattung unseres Kanarienvogels Hansi im Hinterhof unserer Drogerie in dem Dorf, in dem ich als Kind aufgewachsen bin (siehe Tierbestattungen unten in 6.6).

Als mein Vater im Jahr 2003 bestattet wurde, habe ich etwas von dem erlebt, was Peter Handke in seinem Buch »Wunschloses Unglück« über das Begräbnis seiner Mutter schreibt: Das Ritual »entpersönlichte« (Handke 1974, 97) ihn endgültig. Das ist kein Vorwurf, sondern eher die Einsicht, wie schwer es ist, im Bestattungsgespräch so über ein zu Ende gegangenes Leben zu sprechen, dass es in guter Weise öffentlich gewürdigt werden kann.

Als mein Schwiegervater im Jahr 2016 bestattet wurde, war ich berührt, wie sich der Schatz der christlichen Tradition entfalten kann. Die Aussegnung im Garten seines Hauses unter seinem Lieblingsapfelbaum werde ich nicht vergessen.

In dem Buch sind persönliche Erinnerungen ebenso verarbeitet wie Szenen, Erzählungen und Begegnungen aus meiner Berufspraxis. Aber das ist ja Teil einer praktisch-theologischen Identität: Dass man nicht über das Bestatten und den Trost des christlichen Glaubens schreiben kann, ohne sich mit dem auseinandergesetzt zu haben, was einen selbst tröstet – oder nachdenklich macht.

In das Schreiben des Buchs fiel zunächst der schreckliche Terrorakt in Hanau am Abend des 19. Februar 2020. Dann kam Mitte März 2020 die Coronakrise mit ihren derzeit nicht absehbaren Folgen, auch für die Bestattungskultur. Für mich war es nicht vorstellbar, ein Buch über das Bestatten zu schreiben, ohne auf diese Krise einzugehen. Beide Krisen, Hanau und Corona, zeigen, wie krisengeschüttelt unsere Gesellschaft ist und wie stark sich Trauer- und Bestattungskultur wandeln (müssen).

Ganz herzlich danke ich den Kolleg*innen, die mir Materialien für dieses Buch zur Verfügung gestellt oder erarbeitet haben: Anne Gidion, Lars Hillebold, Beate Kemmler, Katharina Scholl, Anna Scholz und Anke Trömper; Birte Friedrichs, Jonathan Friedrichs und Lars Hillebold danke ich für die aufmerksame Lektüre des Manuskripts mit vielen hilfreichen Hinweisen und Anregungen. Mein Dank geht auch an die Herausgeber der Reihe Hans-Martin Lübking und Bernd Schröder sowie an Jana Harle vom Verlag.

Kassel und Steinhude im Mai 2020
Lutz Friedrichs

Einleitung

In Uberto Pasolinis Film »Mr. May und das Flüstern der Ewigkeit« (2013, dt. 2014) wird die Geschichte von John May erzählt, der sich als *funeral officer* um die Bestattung von Menschen kümmert, die keine Hinterbliebenen haben oder bei denen es fraglich ist, wer zu den Hinterbliebenen zählt. John May besucht Trauerfeiern, an denen mit Ausnahme des Priesters niemand sonst teilnimmt.

Er erfüllt seine Aufgabe mit Leidenschaft und Unbeirrbarkeit. Er sucht nach Fotos, Briefen, Gegenständen, die etwas über das Leben der Verstorbenen verraten. Er breitet sie auf seinem Schreibtisch aus und schreibt mit Hingabe die Bestattungsansprache für den Priester. Als sein Vorgesetzter ihm mitteilt, dass er zu langsam arbeite, zu teuer sei und entlassen werden müsse, nimmt er sich umso beherzter seines letzten Falls an.

Werte der Humanität

Mr. May wirkt wie aus der Zeit gefallen. Man hat aber den Eindruck, er tue genau das Richtige. Er steht für Werte der Humanität, die drohen, verloren zu gehen. »Ich denke«, so der Regisseur, »dass die Qualität unserer Gesellschaft im Grunde durch den Wert bestimmt wird, den sie ihren schwächsten Mitgliedern zuerkennt. Die Art und Weise, wie wir mit unseren Toten umgehen, reflektiert den Umgang unserer Gesellschaft mit den Lebenden.« (Booklet, Mr. May und das Flüstern der Ewigkeit)

»zarter Amtsbestatter«

Der Film lenkt den Blick auf die Frage der Haltung derer, die bestatten. Mr. May erscheint als »zarter Amtsbestatter«, dessen Anliegen es ist, Lebensgeschichten ohne Ansehen der Person zu würdigen, Trauernde zu versammeln und mit ihnen das Leben zu feiern. Kann er nicht Vorbild für die sein, die im Auftrag der Kirche bestatten?

Bestatten wird in diesem Buch als eine spezifische Form der Kommunikation des Evangeliums verstanden. Sie drückt sich nach jesuanischem Vorbild in drei kommunikativen Grundformen aus: »Gemeinschaftlich feiern«, »Helfen zum Leben« sowie »Lehren und Lernen«. Mit diesem Zugang nehme ich den Ansatz »Kommunikation des Evangeliums« von Christian Grethlein auf, beziehe ihn auf Fragen des Bestattens und versuche, ihn pastoraltheologisch weiterzudenken. Die drei Grundformen sind Reflexionskategorien, die zu einem kritischen Wahrnehmen und Reflektieren kirchlicher und religiöser Prozesse und ihrer Veränderungen anleiten (siehe Grethlein 2018, 41–45). Ihr Verständnis ist programmatisch partizipativ und ergebnisoffen.

Neuansätze und Anregungen

Der kommunikative Ansatz strukturiert das Buch und bestimmt den Kurs. Es will als Update über Neuansätze und Anregungen für die kirchliche Praxis der letzten zwanzig Jahre informieren. Aber es soll nicht bei Information und Bericht bleiben. Es soll deutlich werden, wie sich das Feld unter dem kommunikativen Blickwinkel darstellt, was sich entwickelt hat und in welche Richtung Entwicklungen anstehen.

Entdeckungszusammenhang

Als *Entdeckungszusammenhang* hilft der Ansatz, die verschiedenen Entwicklungen im Bereich des kirchlichen Bestattens wahrzunehmen und zu sortieren. Längere Zeit standen primär liturgische Aspekte (»gemeinschaftlich feiern«) im Vordergrund. Inzwischen lässt sich jedoch ein neues Interesse an diakonischen Initiativen (»Helfen zum Leben«) ebenso ausmachen wie zum Teil sehr einfallsreiche Formen des Umgangs mit Sterben und Tod, also der Frage der Endlichkeit als einer Schöpfungswirklichkeit (»Lehren und Lernen«).

Begründungszusammenhang

Als *Begründungszusammenhang* lässt der Ansatz nach dem Zusammenspiel der drei Grundformen fragen. So lässt sich begründen, inwiefern es gefordert ist, kirchliches Bestatten als eine pastorale Leitungsaufgabe aufzufassen: In einem normativen Sinn gilt es, Bestatten nicht isoliert auf den Bestattungsakt, sondern als Prozess partizipativ und vernetzt zu denken. Bestatten kommt damit als Werk der Barmherzigkeit in den Blick.

Update, Essentials, Anregungen für die Praxis und *Besondere Fälle* enden jeweils mit einem kulturellen Kontrapunkt. Darin kommt zum Ausdruck, dass das praktisch-theologische Nachdenken auf den Dialog mit der Kultur der Gegenwart (Kino, Literatur, Popmusik) angewiesen ist. Sichtbar werden kulturelle Einsprüche, die jeweils auf ihre Art und Weise auf zentrale biblisch-theologische Anliegen verweisen.

> Der Umgang mit Sterben, Tod und den Grenzen menschlichen Lebens tritt als gesellschaftliches Thema neu hervor, ohne dass absehbar ist, wie nachhaltig es die Gesellschaft beschäftigen wird.

Die Coronapandemie stellt auf den Kopf, was bisher zentral für die kirchliche Trauerkultur war: eine Form von Trost, der sich über soziale Nähe und das Erleben einer tragenden Gemeinschaft vermittelt. So endet das Buch mit einem letzten kulturellen Kontrapunkt als Impuls für die kirchliche Bestattungspraxis: »There is a crack, a crack, in everything. That's how the light gets in.« (»Anthem« von Leonard Cohen)

Begriff »Bestatten«

Der Begriff »Bestatten« steht in diesem Buch im Gegensatz zum Begriff »Beerdigen« für einen längeren Prozess der kirchlichen Trauerbegleitung, umfasst also mehr als nur die kirchliche Trauerfeier und Beisetzung.

Unterschiede zum katholischen Bestattungsverständnis

Die Überlegungen sind auf Fragen der evangelischen Bestattung konzentriert. Die Unterschiede zum katholischen Bestattungsverständnis sind zwar erheblich, da es sich bei der katholischen Liturgie um keine Kasualliturgie handelt, sondern »um eine Sterbe- und Trauerbegleitung in unterschiedlichen Formen des Gebets und des Gottesdienstes« (Gerhards 2011, 53 f.). Dennoch sind ohne Zweifel gemeinsame Anliegen wie das Begleiten des ganzen Trauerprozesses, gemeinsame Initiativen etwa im sozialdiakonischen Bereich der Ordnungsamtsbestattungen oder auch gegenseitige Beeinflussungen im Bereich der Trauerrede (siehe Pock/Feeser-Lichterfeld 2011) oder Ritualkultur (Entdeckung des Sechswochengedenkens, siehe Bestattung UEK 2004, 168–174) feststellbar.

Prädikant*innen

In den evangelischen Kirchen bestatten in der Regel Pfarrer*innen. In manchen Landeskirchen wie beispielsweise der Evangelischen Kirche von Kurhessen-Waldeck haben auch Prädikant*innen nach entsprechenden Ausbildungsgängen das Recht, kirchlich zu bestatten. Von daher haben die pastoraltheologischen Überlegungen des Buchs Prädikant*innen und Pfarrer*innen im Blick.

Das Gemeinsame ihrer Aufgabe besteht in der »Versorgung mit unmittelbarer religiöser Kommunikation« (Hauschildt 2013, 405). Der wesentliche Unterschied besteht im Grad der Professionalisierung: Anders als Prädikant*innen haben Pfarrer*innen die Aufgabe, das Praxisfeld als Ganzes theologisch-konzeptionell zu leiten. Dazu gehört, in einer sich stark wandelnden Bestattungskultur die Rahmenbedingungen der religiösen Kommunikation zu klären, der Situation entsprechende Handlungskonzepte zu entwickeln und das Praxisfeld mit anderen Akteuren zu vernetzen.

Diese Differenzierung in den Ämtern und Verantwortlichkeiten ist in den entsprechenden Passagen (besonders 2.7 und 3.7) mitzudenken, ohne sie hier im Einzelnen entfalten zu können.

1 Situation

»Der Gärtner geht« war Anfang Februar 2020 in der Kasseler Lokalpresse zu lesen (Pflüger-Scherb 2020, 6). Der Artikel berichtet über Jürgen Rehs, Leiter der Friedhofsverwaltung in Kassel. Nach 38 Jahren Arbeit auf den Friedhöfen tritt er in den Ruhestand. Tatsächlich hat Rehs, bevor er Gartenbau studierte, das Gärtnerhandwerk erlernt; er steht damit für die Tradition der Gartenkunst der Friedhöfe, die sich in der 2. Hälfte des 19. Jahrhundert entwickelt hatte.

Wandel der Bestattungskultur im Spiegel eines städtischen Friedhofs

Den Wandel der Bestattungskultur im Spiegel eines städtischen Friedhofs erlebt Rehs als dramatisch. Er macht diesen an folgenden Entwicklungen fest:[1]

- Die *Anzahl der Urnenbestattungen* auf dem Hauptfriedhof in Kassel sei von knapp 35 % (1973) auf 75 % (2017) gestiegen. Der Anteil in den Stadtteilfriedhöfen sei geringer, dort gebe es noch etwas mehr als 50 % Erdbestattungen, die Menschen seien hier teilweise noch »traditioneller« eingestellt; auf dem Westfriedhof sei die Erdbestattungsquote besonders hoch, da hier viele Russlanddeutsche und Muslim*innen ihre letzte Ruhestätte fänden.
- Die *Anzahl der Beisetzungen* auf dem Hauptfriedhof in Kassel sei von 1527 (1973) auf 397 (2017) zurückgegangen. Das habe verschiedene Ursachen, unter anderem habe die Zulassung von Friedwaldbestattungen im Jahr 2001 (im nahe gelegenen Reinhardwald als dem ersten Friedwald in Deutschland) diese Entwicklung gefördert, auch habe die Anzahl der Seebestattungen stark zugenommen.
- Der Hauptfriedhof biete inzwischen *eine Vielfalt von Gräbern* an: elf verschiedene Formen der Urnenbestattung, darunter anonyme Urnenreihengräber, Urnenreihengräber mit Stein, Urnenwahlgräber, »Kulturgrabstätten« (mit Förderung des Denkmalschutzes) oder »Baum-

1 Siehe auch Pflüger-Scherb 2018, 4; die Einschätzungen zu den Besuchen und Räumen entstammen einem persönlichen Gespräch mit Jürgen Rehs zur Vorbereitung einer Pfarrkonferenz zum Thema »Bestatten in Kassel«.

gräber« als Alternative zu Ruheforst und Friedwald; die Kosten für eine Urnenbestattung (ohne Einäscherung) liegen zwischen 909 Euro und 8855 Euro (Stand 2018), sind aber in der Regel deutlich geringer als bei einer Erdbestattung.
- Immer stärker sei die *Nachfrage nach pflegelosen Gräbern,* immer geringer werde der traditionelle Besuch auf dem Friedhof auch am Totensonntag; die Anzahl der kirchlichen Bestattungen gehe deutlich zurück, zudem seien die Kapellen und Räume oft viel zu groß für die kleinen Trauergemeinden.

Die Einblicke weisen unverkennbar Lokalkolorit auf, zumal alle Kasseler Friedhöfe in kirchlicher Trägerschaft liegen. Dennoch stimmen sie anschaulich und konkret auf den Wandel der Bestattungskultur am Beispiel eines städtischen Friedhofs ein.

1.1 Historische Skizze

Die Geschichte der christlichen Bestattung ist mit kulturgeschichtlichen (Wandel der Trauerkultur), theologiegeschichtlichen (Deutungen von Sterben, Tod und Auferstehung) und pastoraltheologischen (Begleitung von Sterbenden und Trauernden) Phänomenen und Entwicklungen der Bestattungspraxis verbunden. Die folgende Skizze konzentriert sich auf die für die Praxis des Bestattens wesentlichen Aspekte.

Biblische Tradition

In der biblischen Tradition finden sich keine Schlüsselstellen, aus denen eine Theologie oder Pastoraltheologie des Bestattens zu entwickeln wäre. Es gibt nur einzelne Stellen, von denen aus auf ein biblisches Grundverständnis von Tod und Bestatten geschlossen werden kann.

In biblischer Tradition erscheint das Bestatten als eine Aufgabe der Familie, die offensichtlich mit der Armenfürsorge verbunden ist (siehe Tobias 4,3–11). Typisch biblisch ist eine Art gelassener Realismus im Umgang mit dem Tod: Er wird ernst genommen, ohne ihn zu dramatisieren. So hält Jesus Sirach dazu an (38,16–24), die Trauer nicht übermächtig werden zu lassen:

»Denn vom Trauern kommt der Tod, und die Traurigkeit des Herzens schwächt die Kraft.« (Sirach 38,18)

Diesen gelassenen Realismus spiegelt auch die Botschaft von der Auferstehung Jesu, die das christliche Verständnis von Sterben und Tod bestimmt: Sie werden »entdramatisiert, ohne […] überspielt zu werden«

(Grethlein 2007, 274). Auch das jesuanische Wort: »Lass die Toten ihre Toten begraben …« (Lk 9,60) lässt davon etwas erkennen, da es als Plädoyer verstanden werden kann, dem Tod und dem Ritus des Bestattens nicht zu viel Platz im Leben einzuräumen. Da, »wo keine Hoffnung war« (Röm 4,18), hofft der Glaube auf Gott, »der die Toten lebendig macht und ruft das, was nicht ist, dass es sei« (Röm 4,17).

Bilder

Die Sprache dieser Hoffnung sind Bilder. In ihnen verdichten sich die Würde des Einzelnen (Lk 10,20: »eure Namen im Himmel geschrieben«), die himmlische »Heimat« bei Gott (2 Kor 5,8: »daheim zu sein bei dem Herrn«) oder ein sozialkritisches Verständnis derer, die im Reich Gottes »zu Tisch sitzen« (Lk 13,29) werden: Der Zugang zum Himmel ist »überraschend weit und nicht reguliert nach welthaften Maßstäben« (Röhring/Kemler 2000, 51).

die Erdbestattung

Die biblischen Erzählungen setzen als Bestattungsart die Erdbestattung oder die Bestattung in Felsengräbern voraus. Das Verbrennen gilt im Alten Testament als Strafe (siehe Gen 38,24). Im Neuen Testament werden der Trauerzug (Lk 7,12), das Bestellen von Klagefrauen (Mk 5,38) und das Verhüllen des Gesichts der Verstorbenen (Joh 11,44) erwähnt. Als Jesus bestattet wird, war er in ein Leinentuch gewickelt (Mk 15,46; Mt 27,59 f.); die Art, wie er bestattet worden ist, ist – unterstützt von gesetzlichen Regelungen – bis in die Zeit der Aufklärung kulturprägend:

»Und Josef (aus Arimathäa) nahm den Leib und wickelte ihn in ein reines Leinentuch und legte ihn in sein eigenes neues Grab, das er in einen Felsen hatte hauen lassen, und wälzte einen großen Stein vor die Tür des Grabes und ging davon.« (Mt 27,59 f.)

Das pietätvolle Bestatten des Leichnams entspricht der theologischen Deutung des Leibes als »Tempel des Heiligen Geistes« (1 Kor 6,19); Leiber, die auf die Auferstehung warten, »dürfen nach ihrem Tod nicht nachlässig behandelt werden, obwohl der natürliche Leib vom geistlichen zu unterscheiden ist« (Winkler 1995, 167).

Alte Kirche

siebtes Werk der Barmherzigkeit

In der alten Kirche wird das Bestatten in Ergänzung der neutestamentlichen Werke der Barmherzigkeit (Mt 25,35–46: Hungrigen zu essen geben, Durstigen zu Trinken geben, Fremde aufnehmen, Nackte bekleiden, Kranke aufnehmen, Gefangene besuchen) als siebtes Werk der Barmherzigkeit aufgefasst.

Die Bestattungspraxis orientiert sich an der griechisch-römischen Kultur. Zur Vorbereitung werden den Toten Augen und Mund geschlossen; sie werden gewaschen, in Tücher gehüllt, aufgebahrt und von einem Leichenzug zum Bestattungsplatz begleitet. Einzelne Riten werden christlich akzentuiert und umgedeutet. Die Toten werden mit dem Gesicht nach Osten bestattet; an die Stelle der Totenklage tritt der Psalmengesang und an die Stelle des Totenopfers das Abendmahl am offenen Grab – Ansatzpunkt für die Entwicklung der mittelalterlichen Totenmesse. Die Leichenverbrennung ist verboten, sie widerspricht der Auferstehungshoffnung sowie dem sich entwickelnden Reliquienkult mit der Bestattung ad sanctos, also in der Nähe von Märtyrern und Heiligen. So entwickelt sich die christliche Bestattungskultur in der Wahl des Ortes und der Art der Bestattung in Abgrenzung zur römisch-antiken Kultur. In diesem Sinn erlässt Karl der Große 785 das Verbot der Leichenverbrennung und der Bestattung auf heidnischen Grabhügeln (Happe 2015, 254).

Reliquienkult mit der Bestattung ad sanctos

Verbot der Leichenverbrennung

Schon früh werden auch Fürbitten für die Verstorbenen erwähnt. Die Leichenrede wird in der Tradition der antiken Leichenrede (laudatio funebris) gehalten; bemerkenswert ist, »wie stark die antike Rhetorik in die christliche Verkündigung hineinwirkt« (Winkler 1995, 168). In der »Güte gegenüber Fremden« und der »Sorgfalt, die sie auf die Bestattung ihrer Toten verwenden«, sieht der römische Kaiser Julian wesentliche Gründe für die Anziehungskraft der christlichen Religion (siehe Grethlein 2007, 275).

Mittelalter

Aus dem Abendmahl am offenen Grab entwickelt sich in einem längeren Prozess im Mittelalter die Tradition der Totenmesse (missa pro defunctis), tradiert im »Missale Romanum«. Die Messe hat drei Grundelemente: Aussegnung im Sterbehaus, Messe in der Kirche und Grablegung. Der Beginn der Totenmesse (Introitus) ist von dem Flehen für das Seelenheil der Verstorbenen bestimmt. Der Begriff »requiem« ist das erste Wort des Introitus »Gib ihnen ewige Ruhe« *(requiem aeternam dona eis, Domine, et lux perpetua luceat eis).* Er bezeichnet auf der einen Seite die Liturgie der Totenmesse, auf der anderen Seite kirchenmusikalische Kompositionen für das Totengedenken. Der Totenmesse voraus gehen Riten der Sterbebegleitung; auf die Feier folgen das Totengedenken am zweiten, siebten und dreißigsten Tag nach dem Tod sowie das Jahresgedenken.

Totenmesse

Sorge um die Toten

Die Sorge um die Toten in Form von Segnung, Fürsprache und Hilfe wird zum zentralen Thema; es entwickelt sich eine christliche Frömmigkeit der Totenfürsorge: Messopfer, Gebet und Almosen gelten als »Seelgerät«, um etwas für die Toten machen und ihre Seelenqualen lindern zu können. Als Ausdruck dieser Frömmigkeit finden sich in Grabsteinen kleine Wasserschalen, um beim Besuch des Verstorbenen das Grab rituell besprengen und damit die Seelenqualen des Verstorbenen mildern zu können. Biblischer Bezugspunkt dieser Totenfürsorge ist die Geschichte vom reichen Mann und dem armen Lazarus (»… und sende Lazarus, damit er die Spitze seines Fingers ins Wasser tauche und kühle meine Zunge; denn ich leide Pein in dieser Flamme«, siehe Lk 16,21–24).

Reformation

Mit der Reformation verbindet sich eine religionskulturelle Zäsur. Sie manifestiert sich in besonderer Weise in einer neuen Form der Frömmigkeit und Friedhofskultur.

An die Stelle der rituellen Totenfürsorge tritt der Trost für die Hinterbliebenen. Die Reformation lehnt die Totenmesse ab und richtet den Blick ganz auf die Trauernden. Der Glaube könne nichts für die Toten, sondern nur für die Trauernden tun, ihnen das Evangelium verkündigen und sie mit der biblischen Botschaft trösten. An die Stelle der Totenfürsorge tritt programmatisch die Auferstehungspredigt. Dem Totengebet räumt Luther noch ein gewisses Recht im Privaten ein, von Calvin wird es abgelehnt.

Auferstehungspredigt

Ein eigenes Formular für die Bestattung wird nicht entwickelt, die vorreformatorischen Formen werden weitgehend beibehalten. Nicht nur die Form, auch Ort und Bestattungsart bleiben theologisch sekundär. So kann Luther auf dem Hintergrund von Pest und steigenden Hygienebedürfnissen nicht nur der Leichenverbrennung zustimmen, sondern auch Begräbnisplätze außerhalb von Ortschaften empfehlen: Es kämen auch die »Elbe« oder der »Wald« infrage, wesentlich sei nur, dass der Ort so hergerichtet sei, dass er »die, die darauf gehen wollen, zur Andacht reizte« (Luther 1527/1982, 249). Auch damit ist eine religionskulturelle Zäsur verbunden: War bisher die Vorstellung leitend, dass die Nähe zu Altar, Reliquien oder der Kirche eine Form der Totenfürsorge sei, wird auch dieser Form der Frömmigkeit widersprochen.

religionskulturelle Zäsur

Ein eindrückliches Dokument reformatorischer Frömmigkeit im Umfeld von Sterben und Tod ist Luthers »Sermon von der Bereitung zum Sterben« (1519). Er kann als eine »reformatorische Transformation der ars moriendi« (Grethlein 2007, 283) gelesen werden. Der Sermon rät, mit Bildern des Guten die Angst vor Sterben und Tod zu vertreiben.

»Sermon von der Bereitung zum Sterben« (1519)

Die Spannung zwischen dem Bedürfnis, für die Toten etwas tun zu können, und dem Anliegen, Hoffnung zu predigen, kann die Reformation nicht aufheben. Nicht nur die Frage nach dem Totengebet bleibt virulent. Schon kurze Zeit später entsteht die literarische Gattung der »Leichenpredigt« (1550–1750) mit eigenem Personalteil, in der vor allem christliche Musterbiografien »zur Festigung und zur Durchsetzung des evangelischen Glaubens« (Lenz 1990, 102) erzählt werden. Kritische Stimmen der Zeit sprechen von ihr als von einer zu leichten Predigt, da es

Gattung der »Leichenpredigt«

viele Prediger gebe, deren Hände schwer seien, weil sie darauf aus seien, »gegen Bezahlung das Lob gottloser Reicher« (Winkler 1995, 238) zu singen. »Selbstmördern« und »anderen räudigen Schafen« wird das kirchliche Begräbnis verweigert, »eine posthume soziale Ächtung«, die voraussetzt, »dass man den Toten ehren muss, ihn aber nur ehren darf, wenn er bestimmten Normen gerecht wurde« (Winkler 1995, 170).

Mit dem Ende der barocken Schmuckgattung im frühen 18. Jahrhundert kommt die Tradition der Leichenrede nicht zu ihrem Ende. Wie stark sie weiterhin praktiziert wird, spiegelt Friedrich Niebergalls scharfe Kritik zu Beginn des 20. Jahrhunderts. Er prangert ihre »breitmäulige Rhetorik« (Niebergall 1905, 166) an, die den Verstorbenen mit »allen Tugenden« (Niebergall 1905, 145) in den Mittelpunkt stelle.

War die Leichenrede am Ende des 19. Jahrhunderts üblich geworden, so ist sie über lange Zeit hinweg eher die Ausnahme in einem nach sozialem Stand gestuften Bestattungssystem gewesen, innerhalb dessen einzelne Leistungen wie das Glockengeläut, das Geleit durch den Schulmeister mit seinen Schüler*innen, aber auch das Geleit durch einen Geistlichen zu bezahlen waren. Dieses System begann bereits im 16. Jahrhundert:

»Unterschieden wurde zwischen der einfachen Bestattung, die durch den Totengräber vorgenommen wurde; einer mittleren Form der Bestattung, die unter Beteiligung der aus Schülern bestehenden Kurrende stattfand und der höchsten Form der Bestattung, bei der die Dienste des Geistlichen in Anspruch genommen wurden. Auch hier wurde noch einmal differenziert. Denn aus der verschiedenen Art der Beteiligung des Geistlichen und der Art seiner Rede entwickelten sich verschiedene Begräbnisstufen, die in verschiedener Weise bezahlt werden mussten.« (Albrecht 2006, 107)

Neuzeit

Mit der Aufklärung werden die christliche Religion und mit ihr die Auferstehung der Toten fraglich. Auf Friedhöfen tritt an die Stelle christlicher Symbolik die »Trauer« beispielsweise figürlich in Form einer gebrochenen Stele. Der Adel schafft sich Gräber im eigenen Landschaftspark oder, wie ich es noch aus meiner Kindheit kenne, Grabanlagen in nahe an Dörfern gelegenen Wäldern: »Der Wunsch nach einem Grab im Garten oder in der freien Natur ist seit der frühen Neuzeit nicht mehr wegzudenken« (Happe 2015, 261). Klassische Formen wie Requiemvertonungen lösen sich aus ihren kirchlichen Bindungen und werden nach und nach für den Konzertsaal komponiert (siehe etwa Antonín Dvořák 1890).

Requiemvertonungen

Im Zuge von Urbanisierung und Technisierung verändert sich die Trauerkultur grundlegend. Seit dem Ende des 18. Jahrhunderts werden

Verordnungen zum Verbot von Bestattungen in Kirchen und zur Einrichtung von Friedhöfen vor der Stadt erlassen; eine »umfassende Auslagerungswelle« (Happe 2015, 259) der Toten aus der Welt der Lebenden beginnt. Erste Leichenhäuser werden errichtet, unter anderem um die Angst zu bannen, Scheintote zu begraben. 1878 wird das erste deutsche Krematorium in Gotha gebaut: Die Kremation von Toten beginnt; die katholische Kirche lehnt sie bis 1963 ab, die evangelische Kirche bis 1925.

»Siegeszug der Feuerbestattung«

Der »Siegeszug der Feuerbestattung« (Happe 2012, 76–96), der in seinen Anfängen antikirchlich motiviert und durch Feuerbestattungsvereine forciert war, verändert die Trauerkultur grundlegend und hat Folgen für das kirchliche Bestatten, die bis heute nur unzureichend reflektiert sind.

Totenfürsorge

Nicht nur homiletisch, auch liturgisch bleibt die Totenfürsorge virulent. Im 19. Jahrhundert treten neue Formen der Totenfürsorge im Rahmen der Trauerfeiern auf: Der Valetsegen und die Bestattungsformel aus der anglikanischen Tradition (»Nachdem es dem allmächtigen Gott gefallen hat …«) finden Eingang in evangelische Agenden.

Mit der Trennung von Kirche und Staat 1918 beginnen Entwicklungen, die auch für das kirchliche Bestatten bedeutsam sind. Spiegel hat sie als Versuch beschrieben, »die Amtshandlungen unter theologische Normen zu stellen und sie damit zum Zwecke der eigenen Systemerhaltung einzusetzen« (Spiegel 1971, 221). Es kam zu einer »zunehmenden Kollision zwischen den familialen Bedürfnissen und den Interessen einer selbstständigen kirchlichen und gemeindlichen Organisation« (Spiegel 1971, 221).

Mit dem Übergang ins 21. Jahrhundert wird die christliche Bestattung Teil eines kulturellen und religiösen Pluralismus. Die Bestattungskultur löst sich nach und nach von ihren traditionellen christlichen Wurzeln. Pfarrer*innen verlieren »ihre führende Rolle« (Happe 2015, 253); dabei

Loslösungsprozesse

sind die epochalen Einschnitte und Loslösungsprozesse vom traditionellen Ort (Kirchhof) und von der traditionellen Form (Erdbestattung) wesentlich durch die Reformation hervorgerufen worden.

1.2 Gesetzliche Regelungen

Staatliche und kirchliche Gesetze setzen die Rahmenbedingungen für das kirchliche Bestatten in Deutschland. Da beide Bereiche jeweils von den einzelnen Bundesländern bzw. Landeskirchen geregelt werden, ist die Lage unübersichtlich und kann nicht umfassend dargestellt werden.

In exemplarischer Absicht werden hier Einblicke in das niedersächsische Bestattungsgesetz und das Kirchengesetz zur Bestattung der Landeskirche Hannovers gegeben.[2]

Allgemein lassen sich zwei Punkte hervorheben, die für ganz Deutschland gelten: *Erstens* herrscht in Deutschland Bestattungs- und Friedhofspflicht. *Zweitens* sind Liberalisierungen im Bestattungsrecht, wie sie die Freie Hansestadt Bremen im Jahr 2015 beschlossen hat (Ausbringen der Asche auf dem Gebiet der Hansestadt außerhalb von Friedhöfen), bisher eine Ausnahme geblieben.

niedersächsisches Bestattungsgesetz

Die Bestimmungen des Bestattungsgesetzes reichen von der Leichenschau über Mindestruhezeiten bis hin zu Fragen der Bestattung.

Nach § 8 gilt:

> »Leichen sind zu bestatten. Auf Verlangen eines Elternteils ist auch ein Fehlgeborenes oder Ungeborenes […] zur Bestattung zuzulassen. […] Für die Bestattung der verstorbenen Person haben in folgender Reihenfolge zu sorgen: 1. Die Ehegattin oder der Ehegatte oder die eingetragene Lebenspartnerin oder der eingetragene Lebenspartner, 2. die Kinder, 3. die Enkelkinder, 4. die Eltern, 5. die Großeltern und 6. die Geschwister. Sorgt niemand für die Bestattung, so hat die für den Sterbe- und Auffindungsort zuständige Gemeinde die Bestattung zu veranlassen.«

Nach § 9 gilt für den Zeitpunkt der Bestattung:

> »Leichen dürfen erst nach Ablauf von 48 Stunden seit Eintritt des Todes bestattet werden. […] Leichen sollen innerhalb von acht Tagen seit dem Eintritt des Todes bestattet oder eingeäschert worden sein. […] Die Gemeinden können Tage bestimmen, an denen in der Gemeinde keine Bestattungen stattfinden […]. Urnen sind innerhalb eines Monats nach der Einäscherung beizusetzen.«

§ 10 setzt zu den Bestattungsarten fest:

> »Die Bestattung kann nur als Begräbnis (Erdbestattung) oder als Einäscherung mit anschließender Aufnahme der Asche in einer Urne

2 Die verschiedenen gesetzlichen Regelungen finden sich unter anderem unter www.bestattungen.de.

und Beisetzung der Urne (Feuerbestattung) durchgeführt werden. Art und Ort der Bestattung sollen dem Willen des Verstorbenen entsprechen. [...] Hat die Gemeinde nach § 8 Abs. 4 Satz 1 für die Bestattung zu sorgen, dann entscheidet sie über Art und Ort der Bestattung; liegen Anhaltspunkte für den Willen der verstorbenen Person [...] vor, so hat die Gemeinde diese bei ihrer Entscheidung zu berücksichtigen.«

Bestattungsgesetz der Landeskirche Hannovers

Die Landeskirche Hannovers zählt zu den evangelischen Landeskirchen, die auch die kirchliche Bestattung gesetzlich regeln; das ist nicht immer der Fall, andere Landeskirchen berufen sich bei strittigen Fragen auf nicht kodifziertes Gewohnheitsrecht.

Dem staatlichen Bestattungsgesetz steht die Landeskirche ausdrücklich positiv gegenüber. Es seien bei der Revision »kirchliche Anregungen« (Landeskirchenamt der Evangelisch-lutherischen Landeskirche Hannovers 2008, 10; 2007) weitgehend berücksichtigt worden, so unter anderem das Festhalten am Friedhofszwang und an den zwei Bestattungsarten der Erdbestattung und Feuerbestattung; zudem finden die Regelungen zur Bestattung von tot- und fehlgeborenen Kindern ebenso Zustimmung wie die 36-Stunden-Frist zur Überführung eines Verstorbenen in eine Leichenhalle, sodass eine »Gestaltung des Abschieds im Sterbehaus zur Verfügung« (10) stehe. Positiv wird auch hervorgehoben, dass bei einer ordnungsbehördlichen Bestattung der Wille des Verstorbenen »zu berücksichtigen« sei: »Ist jemand Kirchenmitglied, so wird man das in der Regel als Indiz sehen müssen, dass eine christliche Trauerfeier für ihn ein unverzichtbarer Teil der Bestattung ist« (23).

Das Kirchengesetz der Hannoverschen Landeskirche ist deutlich schmaler als das staatliche Gesetz. Es definiert, dass eine kirchliche Bestattung grundsätzlich aus einer Trauerfeier und der Beisetzung bestehe und jedem Kirchenmitglied zustehe; darüber hinaus wird auf das Trauergespräch und das Totengedenken verwiesen.

strittige Punkte

Es werden im Wesentlichen zwei strittige Punkte gesetzlich geregelt: die Frage der Bestattung Verstorbener, die nicht Mitglied der Kirche waren, und die Frage des Ortes. Die Bestattung von Nichtkirchenmitgliedern sei in seelsorglich begründeten Ausnahmefällen möglich, über die das zuständige Pfarramt entscheide. In der Frage des Ortes hat die Kirche oder Friedhofskapelle Vorrang; andere Orten seien dann möglich, »wenn der Charakter eines öffentlichen Gottesdienstes dadurch nicht beeinträchtigt wird« (30).

Auch wenn die Landeskirchen Bestattungsfragen je für sich selbst regeln und sich in einzelnen Aspekten unterscheiden, hält das Bestattungsgesetz der Landeskirche Hannover fest, was weitgehend auch in anderen evangelischen Kirchen in Deutschland gilt.

1.3 Statistik der Bestattungen in Deutschland

Kirchliche Bestattungen in Deutschland sind statistisch gesehen rückläufig. Dennoch werden derzeit noch mehr als die Hälfte aller Bestattungen in Deutschland kirchlich begleitet (56,5 % in 2016).

Rückgang des kirchlichen Einflusses

Der Rückgang des kirchlichen Einflusses auf die Bestattungskultur in Deutschland ist unverkennbar. Er zeigt sich auch daran, dass die Zahl der Evangelischen, die nicht kirchlich bestattet werden, zunimmt.

Die folgende Übersicht kombiniert Angaben, die der Verbraucherverein Aeternitas e. V. für »Kirchliche Begleitung von Bestattungen in Deutschland« (2018) zusammengestellt hat, mit Angaben der EKD-Statistik:[3]

Tab. 1: Bestattungen in Deutschland seit 2006[4]

Jahr	Todesfälle	Ev.	Kath.	Quote	Mitglieder	Ziffer	Nichtev.
2006	821.627	300.991	253.259	554.250 =67,5 %	30,5 % ev. 30,8 % kath. =61,3 %	85,0 % =15,0 %	4,6 %
2011	852.328	283.101	247.762	530.863 =62,3 %	28,9 % ev. 29,9 % kath. =58,8 %	81,7 % =18,3 %	4,3 %
2016	911.000	271.690	243.323	515.013 =56,5 %	26,6 % ev. 28,6 % kath. =55,2 %	?	4,7 %

Im statistischen Überblick über kirchliche Bestattungen in Deutschland seit 2006 fallen drei Tendenzen auf:

3 Siehe zu den Zahlen: www.ekd.de/statistik.

4 Erläuterungen zur Tabelle: Unter »Quote« ist der Anteil der kirchlichen Bestattungen am Gesamt der Verstorbenen in Deutschland zu verstehen, unter »Ziffer« der Anteil der evangelischen Bestattungen unter Evangelischen und unter »Nichtev.« die evangelische Bestattung Nichtevangelischer.

1. Die *Bestattungsquote sinkt* von 67,5 % in 2006 auf 56,5 % in 2016. Das bedeutet, dass in nur zehn Jahren die Quote um mehr als 10 % gesunken ist.
2. Die *Bestattungsziffer nimmt zu.* Das bedeutet, es wächst die Anzahl der Evangelischen, die nicht evangelisch bestattet werden; dabei sind regionale Unterschiede zu berücksichtigen: In Baden-Württemberg, die EKD zählt hier nach Bundesländern, waren es im Jahr 2011 12,8 %, im Jahr 2003 hingegen erst 9,8 %.
   Leider kann die EKD für die Bestattungsziffer ab 2012 keine Zahlen mehr vorlegen. Es ist damit zu rechnen, dass diese Ziffer inzwischen auf über 20 % gestiegen ist. Das bedeutet, dass über ein Fünftel derer, die zur Evangelischen Kirche gehören, nicht mehr von ihrer Kirche bestattet wird. Zum Vergleich: Im Jahr 1968 waren es nur 4,6 % der Evangelischen, die nicht evangelisch bestattet wurden.
3. Die *evangelische Bestattung Nichtevangelischer* ist relativ konstant bei etwas unter 5 %; zu vermuten ist, dass diese Zahl anwachsen wird, wenn die evangelischen Kirchen offiziell zulassen, dass auch Ausgetretene evangelisch bestattet werden können.

Warum werden immer mehr Evangelische nicht evangelisch bestattet? Motive und Ursachen können nur vermutet werden; ein zentraler Faktor ist in jedem Fall die zunehmende Kirchendistanz der Hinterbliebenen.

1.4 Gesellschaftliche Entwicklungen

Lebenserwartung

Grundsätzlich treten heute Sterben, Tod und Trauer im Erleben und Bewusstsein zurück, da sich die Lebenserwartungen deutlich verlängert haben und sich zudem die Säuglings- und Kindersterblichkeit auf ein Minimum reduziert hat, sodass der Tod eines Kindes als ein völlig unerwartetes, alles erschütterndes Widerfahrnis erlebt wird.

Verbesserung der Lebensqualität

Auch die allgemeine Verbesserung der Lebensqualität hat Folgen für den Umgang mit Sterben und Tod. Galt früher der Tod eher als eine Erlösung, wird er heute eher als Schrecken wahrgenommen, da Begegnungen mit Sterbenden und Toten selten geworden sind; auch Pfarrer*innen und Prädikant*innen, zumal in Städten, haben die, die sie bestatten, als Leichnam oft gar nicht gesehen.

Leben nach dem Tod

Empirische Studien erhärten die Vermutung, dass sich die moderne Gesellschaft schwertut mit einem Leben nach dem Tod. Laut einer repräsentativen emnid-Umfrage (2016) nimmt der Glaube an ein Leben nach dem Tod mit zunehmendem Alter ab, fast die Hälfte der Menschen in Deutschland, die über 60 Jahre alt sind, sind der Ansicht, dass nach dem Tod nichts mehr komme; nur 12 % erwarten ein Wiedersehen mit Freunden und Verwandten im Jenseits, 15 % das Weiterleben der Seele (siehe EKD 2016).

gesellschaftliche Grundwerte

Neben diesen Veränderungen der basalen Lebensbedingungen haben gesellschaftliche Grundwerte wie Mobilität, Interaktivität und Recht auf Selbstbestimmung großen Einfluss auf die Bestattungskultur. Das Zutrauen in die Kirchen, in diesem Sinn lebensweltbezogen zu bestatten, sinkt: Mit ihnen wird eher Fremdbestimmung als Selbstbestimmung verbunden.

Mobil zu sein, bedeutet, aktiv zu sein, Orte wechseln und neue Perspektiven gewinnen zu können. Im Fall eines Todes haben Hinterbliebene, die an verschiedenen Orten leben, das Problem, einen passenden Bestattungstermin zu finden und sich dauerhaft um die Pflege einer Grabstelle kümmern zu können. Der »Siegeszug der Feuerbestattung« (Happe 2012, 76–96) lässt sich auch vor diesem Hintergrund verstehen, da Kremation und Urnenbeisetzung Flexibilität in Ort und Zeit schaffen. So kann nicht nur auf Friedhöfen, sondern unter anderem auch auf See, in Friedwäldern oder in Kolumbarien in Kirchenräumen bestattet werden. Offensichtlich sprechen in Zeiten hoher Mobilität auch Orte an, die eine »letzte Heimat« (siehe Fendler/Klie/Sparre 2014) oder »ein Stück vom Garten Eden« symbolisieren. So wirbt eine Kirchengemeinde, die die alte Idee, Tote rund um die Kirche zu bestatten (»ad sanctos«), in die Zeit von heute übersetzt: Der »Garten Eden« ist für alle offen, zu Lebzeiten muss man Zustifter werden, um einen Platz zu erwerben.

»Im Gegensatz zum Friedwald ruhen die Verstorbenen hier an ihrem Ort in der Mitte des Dorfes und sind jederzeit leicht erreichbar. Anders als bei einer Urnenwand kann die Asche hier im Prinzip für immer bleiben.« (Kirchhof Wachenbuchen o. J.)

Mobilität schafft Lebensqualität, setzt Menschen aber auch unter Zeitdruck. Das ist eine wesentliche Ursache dafür, dass in Deutschland der Dienstleitungssektor wächst. Er schafft zeitliche Entlastung, auch im Bestattungssektor durch die Professionalisierung des Bestatter*innenberufs.

Nutzung der neuen Medien

Mit der allgemeinen Nutzung der neuen Medien entsteht eine neue Kultur der Information, Partizipation und Evaluation. Eine solche »Beobachtungskultur« ist ohne Zweifel zwiespältig. Aber auffallend ist, wie deutlich sich hier nicht nur das Bedürfnis manifestiert, Formen der Trauer selbstbestimmt zu finden, sondern auch, sich im Austausch mit anderen Trauernden als selbstwirksam in Beratung und Unterstützung zu erleben (siehe unten 2.5).

Recht auf Selbstbestimmung

Wie hoch das Recht auf Selbstbestimmung eingeschätzt wird, lässt das zuletzt ergangene Urteil des Bundesverfassungsgerichts vom 26. Februar 2020 erkennen: Mit der Aufhebung des Verbots der geschäftsmäßigen Förderung der Selbsttötung hat es klargestellt, dass es auch in der Frage des Sterbens ein Recht auf Selbstbestimmung gibt. Dieses Recht wird auch für Fragen des Bestattens reklamiert, dessen Grundsatz erlaubt, »die eigenen Bedürfnisse und Wünsche auch gegen traditionelle Regelungen und Verhaltensweisen durchzusetzen« (Sörries 2019, 35).

Ökonomisierung

Mit den Professionalisierungsprozessen ist die Ökonomisierung der Bestattungskultur verbunden. Die Zunahme von Urnenbestattungen (und anonymen Bestattungen in ländlichen Regionen) ist sicher auch ökonomisch verursacht. Laut Angaben eines Versicherungskonzerns ist derzeit mit den folgenden Durchschnittskosten (ohne Folgekosten der Grabpflege) zu rechnen:

Tab. 2: Durchschnittskosten einer Bestattung (Angaben nach Pflüger-Scherb 2019, 2)

	Einfach	Standard	gehoben
Erdbestattung	4.900 Euro	9.600 Euro	15.600 Euro
Feuerbestattung	3.400 Euro	5.300 Euro	7.700 Euro
Baumbestattung	1.990 Euro	3.270 Euro	4.600 Euro
Seebestattung	2.300 Euro	4.200 Euro	6.700 Euro

Die Ökonomisierung des Bestattungswesens hat zwar auf der einen Seite den Effekt, dass im Fall des Todes vieles professionell geregelt wird. Die Schattenseite ist, dass nicht nur die Begegnung mit Toten und die existenzielle Auseinandersetzung mit Sterben und Tod in den Hintergrund treten, sondern dass damit auch problematische Entwicklungen einhergehen, die die Würde des Verstorbenen antasten, so etwa im Fall von *ordnungsbehördlichen Bestattungen,* also Bestattungen von Toten, die keine Angehörigen hinterlassen (siehe dazu unten 2.7 und 6.3).

1.5 Kirchliche Herausforderungen

Die gesellschaftlichen Entwicklungen stellen die Kirchen vor erhebliche Herausforderungen. Es ist ihre Aufgabe, sich den Prozessen von Pluralisierung, Individualisierung und Privatisierung zu stellen und neue Formen der Bestattungspraxis zu entwickeln (Friedrichs 2013, 24–34).

neue Formen der Bestattungspraxis

Das bedeutet nicht, sich unkritisch der Gesellschaft und Kultur auszuliefern. Insbesondere die Ökonomisierung der Bestattungskultur muss die Kirchen hellhörig machen, vor allem dort, wo der Umgang mit den Toten droht, die Würde des Menschen zu verletzen.

> Mit Nachdruck ist daran zu erinnern, »dass der Umgang mit den Toten – auch den mittellosen Toten – ein Maßstab für die Humanität einer Gesellschaft ist« (Landeskirchenamt der Evangelisch-lutherischen Landeskirche Hannovers 2008, 8).

Darüber hinaus gilt es, in einer Gesellschaft, die so stark auf Mobilität, Interaktivität und Autonomie setzt, auch an die andere Seite des Lebens zu erinnern, die Grenzen der Machbarkeit und seine Unverfügbarkeit (siehe dazu unten 3.7 und 6.7).

Coronapandemie

Zu Beginn der Coronapandemie in Deutschland im März 2020 war eine starke Angst vor dem Sterben und eine Sensibilität für Fragen der Endlichkeit zu spüren, nicht zuletzt ausgelöst durch furchterregende Bilder aus Italien. Bereits zwei Monate später – zur Zeit der Abfassung dieses Manuskripts – kann man den Eindruck gewinnen, dass die durch Angst vor dem Virus und Solidarität in der Not geprägte Haltung in den Hintergrund tritt und das Leben sich gleichsam sehnt, zu alten Mustern zurückzukehren, in denen der Tod als letzter »Optionenvernichter« (Rosa 2005, 474) gesehen und gefürchtet wird.

Dennoch bleibt das Thema »Religion in der Gesellschaft« auch heute bedeutsam. Der Soziologe Rosa stellt fest:

»Ich glaube, ein Teil des Geheimnisses der Religion, und deshalb auch ein Teil des Bedürfnisses nach Religion, kommt daher, dass Menschen einen unaufhebbaren Drang haben, in einer antwortenden Welt zu leben. Einer Welt, die auf uns eingeht, in der wir einen Widerhall finden.« (Rosa 2009, 22)

Auswertung von Trauersprüchen

Dieser Widerhall muss jeweils individuell ansprechen und persönlich überzeugen, wie die Auswertung von Trauersprüchen in digitalen Trauerportalen und sozialen Netzwerken zeigt (siehe dazu bestattungen.de).

Demnach stehen klassische Trauersprüche nach wie vor hoch im Kurs, werden aber nicht selten verändert und mit persönlichen Abschiedsworten verknüpft. Ihre Funktion ist, nicht nur Trost zu spenden, sondern auch die Individualität des Verstorbenen zum Ausdruck zu bringen. Für die Kirche stellt sich damit einmal mehr die Frage ihrer Religionsfähigkeit in der Bestattungspraxis.

Update – neue Ansätze und Aufbrüche

2

Seit der empirisch-sozialwissenschaftlichen Wende der Praktischen Theologie in den 1970er-Jahren sind neue Perspektiven und Impulse für die Praxis des kirchlichen Bestattens entstanden. Sie hatten und haben nicht unerheblichen Einfluss auf die kirchliche Bestattungspraxis.

Kirchliches Bestatten ist klassisch in der Seelsorge verortet. Mit der empirischen Wende kommt zunächst die Arbeit am »Seelsorgedefizit« (Matthes 1975) der Kirchen in den Blick. Dann treten liturgische Aspekte in den Vordergrund. Empirische Studien und sozialwissenschaftliche Theorieansätze eröffnen neue Zugänge und Einsichten.

empirische Wende

Wie dynamisch das Praxisfeld ist, wird an dem Wandel des Bestatter*innenberufs ebenso deutlich wie an neuen Formen der Trauerarbeit auf virtuellen Friedhöfen. Weiterführende Impulse setzen kirchliche und diakonische Initiativen im Bereich Trauerbegleitung.

Impulse

2.1 Trauergottesdienst als Übergangsritual

Im Zug ihrer empirischen Wende hat sich die Praktische Theologie im Bereich der Bestattung empirisch-sozialwissenschaftlich zunächst mit dem Trauergespräch (Thilo 1971), dem Trauerprozess (Spiegel 1973) und der Begräbnishomiletik (Klaus/Winkler 1975) befasst.

Mit der Hinwendung der Praktischen Theologie zur Liturgik als ihrer Leitdisziplin verband sich eine Konzentration auf liturgische Fragen auch im Bereich der Kasualien. So definiert Ende der 1980er-Jahre Steck (1988, 674) Kasualien als die »liturgisch geordneten kirchlichen Handlungen mit Ausnahme des sonntäglichen Gottesdienstes«. Die Erforschung des Trauerprozesses, des Trauergesprächs und der Trauerpredigt trat in den Hintergrund. Die Aufmerksamkeit fiel auf Fragen des Gottesdienstes aus ritualtheoretischer und religionssoziologischer Perspektive.

Kulturgeschichtlich gesehen sind Kasualien und mithin die Bestattung Schwellenrituale. Als ein solches rekonstruiert Spiegel die Bestattung zu

Schwellenrituale

Beginn der empirischen Wende. Sein Interesse ist auf die sozialpsychologische Rekonstruktion des Kontextes gerichtet, in dem Trauer und Bestatten stattfinden. Dazu greift er auf van Genneps Theorie der »rites de passage« zurück und formuliert:

»Der Statusübergang, der psychisch gesehen zumeist einen langwierigen Prozess der Trennung von dem bisherigen und Adaption an den neuen Status bedeutet, wird im Ritual vorweggenommen und symbolisch dargestellt, wobei derjenige vor allem zum Symbolträger wird, der den Statuswechsel vollzieht« (Spiegel 1995, 101).

Der Statusübergang ist auf zwei Ebenen zu bewältigen; er betrifft die Toten ebenso wie die Hinterbliebenen.

In der folgenden praktisch-theologischen Diskussion wird dieser Zugang unter Rekurs auf die Theorie des britischen Ethnologen Turner weitergedacht. Anlass ist der gesellschaftliche Wandel. Die klassischen Kasualien lösen sich von den sozialen Übergangssituationen, Säuglinge werden nicht mehr im unmittelbaren Zusammenhang mit ihrer Geburt getauft, Paare lassen sich erst nach längerer Zeit des Zusammenlebens trauen, Verstorbene werden, befördert durch die Verbrennung der Leichname, mit zeitlicher Verzögerung bestattet. So entwickeln sich die klassischen Kasualien zu ritualisierten Stationen auf dem Lebensweg.

Stationen auf dem Lebensweg

In seiner klassischen Form verläuft ein Übergangsritual in drei Phasen: Die Phase der Präparation oder Trennung, der Schwelle und der Integration, also der Aufnahme in die Gemeinschaft. Diese Phasen sind gesellschaftlich definiert und anerkannt. Auch die Bestattung lässt sich in diesem Sinn als ein Übergangsritual rekonstruieren: Trennungsphase (Aussegnung), Schwellenphase (Trauerfeier mit Beisetzung) und Integration (beim »Leichenschmaus« oder »Tröster«).

Hier tritt der Wandel deutlich vor Augen. Die Feuerbestattung forciert den Wandel der Trauerarbeit, der klassische Weg schnurrt auf zwei Stationen (Trauerfeier mit Beisetzung und »Tröster«) oder eine (Trauerfeier oder Urnenbeisetzung) zusammen. Was einst ein konkret begangener Trauerweg mit symbolischer Bedeutung war, wird zu einzelnen Stationen einer individuell-familiärer Trauerarbeit.

Turner beschreibt diesen Wandel als Modernisierungsprozess: An die Stelle gesellschaftlich-kollektiver Verpflichtung trete das Moment spielerischen Aushandelns. Unter den Begriffen des Liminalen und Liminoiden rekonstruiert er den Wandel vom Modus der Pflicht (liminal) zum Modus der Freiwilligkeit (liminoid).

Modus der Freiwilligkeit

Dem Wandel des Rituellen sind auch die Kirchen unterworfen. Sie stehen nicht nur für Liminalität; vielmehr bricht sich in ihnen selbst der gesellschaftliche Wandel in einem spannungsreichen Miteinander von liminalen und liminoiden Elementen. Die Inanspruchnahme der kirchlichen Rituale folgt Motiven,

> »die weniger durch die normativen Vorgaben der Kirchenorganisation konstituiert als aus den Bedürftigkeiten, die durch die biographische Verarbeitung lebens- und familiengeschichtlicher Übergangs- und Krisenerfahrungen erwachsen, veranlasst sind. Daran bemisst sich nun auch die öffentliche Resonanz der kirchlichen Kasualpraxis. Sie muss die kirchliche Religionslehre in plausible Muster lebensgeschichtlicher Sinnreflexion überführen« (Gräb 1998, 188).

Wer kirchliches Bestatten von hier aus denkt, kann Trauerfeiern als »Refugien« (Fechtner 2017, 75) oder »rituelle Exile« (Friedrichs 2008, 48–56) verstehen, bei denen gemeinsam mit den Trauernden bedacht wird, wie das Schwellenpotenzial in einer rituellen Feier Gestalt finden kann. Eine wesentliche Herausforderung besteht in der Frage, wie sich dieses rituelle Potenzial tröstend für Trauernde in einer Zeit entfalten kann, in der viele nur »vorübergehend« (Wagner-Rau 2004, 47) in die Tradition der Kirchen einkehren.

Bestatten im Sinn eines christlichen Übergangsrituals

Es lassen sich drei Aspekte für Bestatten im Sinn eines christlichen Übergangsrituals hervorheben:

1. Es sieht die Verstorbenen (und Lebenden) in dem Sinn religiös, als es das Augenmerk auf Beziehungen richtet, »die weiter reichen als die Beziehungen, die Menschen untereinander zu gestalten und durchzuhalten in der Lage sind« (Wagner-Rau 2004, 45).
2. Es nutzt die Schwellenphase, um auch die »Überlastung des Selbstbezugs« (Fechtner 2017, 75) in der spätmodernen Trauerkultur in den Blick zu nehmen.
3. Es ist in ein weitgespanntes soziales Netzwerk eingebettet, das eine »communitas« (Turner) ist oder werden kann; während gesellschaftlich-kulturelle Kasualien »die Gefahr in sich bergen, dass die dort gemachten Erfahrungen von *communitas* nicht in eine neue *socialitas* münden, stellt die Kirche mit ihrem lebenslänglich begleitenden Ritualangebot einen Raum dar für solch eine neue Sozialität« (Schröter-Wittke 2003, 584).

Dass die Integration in diese neue Sozialität (beispielsweise eines Trauernetzwerks) nicht selten nur mühsam Gestalt finden will, ist vermutlich mehr Ausdruck der Ausdifferenzierung kirchlichen Christentums als Folge spätmoderner Unverbindlichkeit; ein Beharren auf binnengemeindliche Anforderungen der Integration ins aktive Gemeindeleben wird die Situation nicht lösen. Es gilt, Kirche als einen Sozialraum erlebbarer *communitas* offen und vielgestaltig zu denken (siehe unten 2.4).

2.2 Dialog mit Bestatter*innen

Beruf mit Veränderungsprozessen

Unter »Update« an zweiter Stelle den Beruf der Bestatter*innen zu behandeln, mag überraschen. Aber ihr Einfluss auf das Praxisfeld ist inzwischen so hoch, dass es angemessen ist, den Beruf mit seinen Veränderungsprozessen frühzeitig in den Blick zu nehmen.

Längst sind Bestatter*innen nicht mehr das, was sie einst waren: Schreiner, die sich als Sargverkäufer, oder Fuhrwerker, die sich mit dem Transport zum Friedhof einen Zusatzverdienst erwirtschafteten. Inzwischen lässt sich ein Professionalisierungsschub feststellen, der sich unter anderem darin zeigt, dass Bestatter*innen als Leistungsträger*innen agieren, also zum Mittelpunkt für alle Fragen des Umgangs mit Toten geworden sind.

historischer Rückblick

Um den Wandel im Tätigkeitsspektrum und Selbstverständnis von Bestatter*innen verstehen zu können, ist ein kurzer historischer Rückblick erforderlich.

Für Bestattungsinstitute ist die Einführung der Gewerbefreiheit im Jahr 1810 ein Schlüsseldatum. Bestatten ist seitdem ein selbstständiges Gewerbe. Im Zug der Urbanisierung entstehen die ersten gewerblichen Institute im Nebenerwerb aus Schreinereien oder Fuhrbetrieben. Totengräber und Totenfrauen, die zunächst als »Lichtmütter« für das Anzünden der Kerzen im Gottesdienst, dann für das Bestatten zuständig waren (Hänel 2015, 430), werden in den Dienst der Städte übernommen. Ein Prozess der funktionalen Differenzierung beginnt, der zunächst seinen Angang in den Städten nimmt, sich später auch in den Dörfern durchsetzt: Die Totenfürsorge und das Bestatten werden in die Hand von Expert*innen gegeben.

Rationalisierungsprozess

Das ist in rational-pragmatischer Hinsicht entlastend, da nun alle eine Bestattung betreffenden Vorgänge und Behördengänge (Totenfrau, Standesamt, Schreiner, Pfarrer, Friedhofsverwaltung) in einer Hand liegen. In emotional-existenzieller Hinsicht beginnt mit diesem Rationalisierungsprozess die Loslösung des Bestattens und der Umgang mit den

Toten aus den familiär-nachbarschaftlichen Bezügen: Das, was bis dahin überwiegend durch das soziale Nahumfeld vollzogen wurde, wird nun professionell geregelt. Ich selbst habe in meinem Vikariat am Ende der 1990er-Jahre noch die Sitte der »Notnachbarn« erlebt, die darin bestand, ein Grab auszuheben, den Sarg zu tragen und diesen in das Grab hinabzulassen. Es ist für die Praxis des Bestattens typisch, dass sie regional höchst unterschiedlich sein kann und in Dörfern noch Traditionen gepflegt werden, die in den Städten längst nicht mehr bekannt sind.

Im 20. Jahrhundert lassen sich im Spiegel sich verändernder Selbstbilder drei Berufsbildphasen unterscheiden (Hänel 2015, 432–435; Ripke 2015, 442–449):

Sargtischler

- Sargtischler (bis zum Ende des Zweiten Weltkriegs)
  Am Anfang des Professionalisierungsprozesses ist der Beruf auf das Anfertigen und den Verkauf von Särgen ausgerichtet. Das Produkt wird offensiv öffentlich beworben.

Dienstleister*innen

- Dienstleister*innen (bis zum Ende der 1970er-Jahren)
  Nach dem Ende des Zweiten Weltkriegs kommt es zu einem radikalen Wandel im Selbstbild. Auf Werbung und Selbstdarstellung wird verzichtet, der Tod wird unsichtbar gemacht. Es wird »empfohlen, den Verstorbenen möglichst schnell aus dem Bereich der Lebenden zu entfernen, von Aufbahrungen wird abgeraten, die Beisetzung soll schnell und ohne starke öffentliche Präsenz vollzogen werden. Alle anfallenden Aufgaben übernimmt der Bestatter – so sein Angebot« (Hänel 2015, 434). Sein Selbstverständnis ist das eines Dienstleisters: Bestatter*innen sind jederzeit erreichbar und kümmern sich um alles.

Trauerbegleiter*innen

- Trauerbegleiter*innen (ab den 1980er-Jahren)
  In den 1980er-Jahren ändern sich erneut das Selbstverständnis und das Selbstbild: Im Zusammenhang eines wachsenden gesellschaftlichen Interesses an Trauerforschung und dem Entstehen verschiedener Initiativen und Bewegungen (unter anderem Hospizbewegung und Elterninitiativen für das Bestatten von »Sternenkindern«) beginnen Bestatter*innen, sich als Begleiter*innen des Trauerprozesses zu verstehen. Das Aufbahren wie auch die Mitarbeit am Bestattungsprozess werden ebenso empfohlen wie neue Räumlichkeiten für Trauerfeiern und Trauerarbeit zu schaffen. Bestatten wird nahezu als ein therapeutischer Prozess aufgefasst.

In dieser Zeit nimmt der ökonomische Druck zu, auf der einen Seite für die Hinterbliebenen, da im Jahr 2004 das Sterbegeld wegfällt, auf

zwischen Entsorgung und Eventisierung

der anderen Seite für die Bestattungsinstitute, da sie sich mit ihren Angeboten auf einem wachsenden, sich schnell ändernden Markt behaupten müssen; das Feld ist zwischen Entsorgung und Eventisierung aufgespannt.

> Die drei Phasen zeigen, dass sich das Berufsbild seit seinen Anfängen grundlegend gewandelt hat: Bestatter*innen fühlen sich zwar noch immer für die Toten zuständig, aber ihre Aufmerksamkeit gilt mehr und mehr den Lebenden.

Schlüsselpersonen für den Umgang mit Toten und Trauernden

Unübersehbar ist der Prozess der Professionalisierung des Berufs. Aus den Arbeitern im Hintergrund sind Schlüsselpersonen für den Umgang mit Toten und Trauernden geworden, die mit den klassischen Professionen nicht nur die Zentralstellung in ihrem Tätigkeitsfeld teilen, sondern auch typische Verhaltenszumutungen wie das Einhalten der Schweigepflicht, das Sorgen für Erreichbarkeit rund um die Uhr oder die Orientierung an einem dem Pietätsanspruch entsprechenden ethischen Verhaltenskodex.

Ein Faktor, der den Professionalisierungsprozess beförderte, ist die Ausweitung des Aufgabenbereichs auf Fragen im Vorfeld und im Nachgang der Bestattung. Ein Beispiel: Die Werbebroschüre des Bestattungsinstituts »Heuse Bestattungen« markiert einen umfassenden Anspruch, Trauernde in allen Fragen zu unterstützen und zu begleiten, zitiert seien nur die Verben aus der Broschüre, die mit dem Satz beginnt: »Bei uns stehen Sie im Mittelpunkt …« (siehe Ripke 2015, 450):

- Wir hören zu,
- lassen Sie nicht alleine,
- unterstützen Sie,
- organisieren,
- beraten,
- kümmern uns,
- koordinieren,
- erledigen.

eine neue Bestatter*innen-Religion

Es fällt nicht schwer, in diesem Anspruch eine neue Bestatter*innen-Religion zu sehen. Denn sie »verstehen sich als die guten Hirten, als *pastores*, die jeden Einzelnen, je nach individueller Situation, Biographie und Bedürfnislage durch die Trauer begleiten« (Hermelink 2012, 217). Mit einem solchen Anspruch stellt sich die Frage, ob nicht Religion im Zug des gesellschaftlichen Ausdifferenzierungsprozesses in verschiedene gesellschaftliche Subsysteme diffundiert und entsprechend der Logik dieser Systeme transformiert wird. Wäre dem so, wäre es umso erforderlicher, mit Bestatter*innen gemeinsam zu lernen, wie religiöse Kommunikation über Tod und den Umgang mit Toten heute funktioniert.

Für einen solchen Lernprozess ist auch der Dialog mit freien Trauerredner*innen in ihrer Haltung, sich an den Bedürfnissen der Trauernden auch in Fragen der Religion auszurichten, förderlich (Handke 2019, 188–192).

In einer empirischen Studie der Evangelischen Kirche von Kurhessen-Waldeck sind Bestatter*innen nach ihren Wünschen an die kirchliche Bestattungspraxis gefragt worden (siehe Happel 2016, 520–537). Als wesentliche Wünsche und Anliegen formulieren sie:

- eine Begegnung auf Augenhöhe mit mehr Flexibilität,
- eine Lösung des Problems der Erreichbarkeit von Pfarrer*innen,
- eine zentrale Ansprechstruktur, freie Pfarrer*innenwahl und runde Tische für gemeinsame Absprachen,
- ein Leistungsverzeichnis des kirchlichen Angebots und
- eine Verbesserung der kirchlichen Trauerbegleitung: Nicht nur Kontakt halten und Sterbende besuchen komme vielfach zu kurz, sondern auch die Seelsorge an Trauernden.

In den Wünschen bündeln sich Anliegen aus einer Dienstleistungsperspektive (siehe unten 2.3), die auch auf den Pfarrberuf bezogen werden. Der letzte Aspekt richtet den Blick auf die Frage der Trauerbegleitung. Nach dieser Lesart wäre es ein Wunsch der Bestatter*innen, nicht tun zu müssen, was eigentlich Aufgabe der Kirche wäre. Denkbar ist, dass hier noch das Bild einer klassischen Arbeitsteilung zwischen Bestatter*innen und Pfarrer*innen leitend ist. Es ist zu vermuten, dass sich auch dieses Bild ändern wird, indem Bestatter*innen im fortschreitenden Professionalisierungsprozess Trauerarbeit mehr und mehr als etwas verstehen, das genuin zu ihrem Beruf gehört.

Folgen für die pastorale Bestattungspraxis

In jedem Fall haben die Veränderungen in ihrem Berufsbild erhebliche Folgen für die pastorale Bestattungspraxis. Bestatter*innen sind im Todesfall die, die zuerst kontaktiert werden. »Insgesamt«, so der Karlsruher Bestatter Kurt Stier: »nimmt der Wunsch nach einer kirchlichen Feier immer mehr ab. Und sobald es kleine Schwierigkeiten gibt, [...] schwenkt man ganz schnell zum freien Redner« (Stier 2019, 133). Noch in einem anderen Sinn haben Bestatter*innen Einfluss auf die kirchliche Praxis: Ihr beratendes Dienstleistungsverständnis wird nicht unerheblichen Einfluss auf die Erwartung an das kirchliche Trauergespräch haben.

> Bestatter*innen sind Schlüsselpersonen im Umgang nicht nur mit Toten, sondern auch den Hinterbliebenen. Der Wandel des Selbstverständnisses und das Phänomen der »Bestatter-Religion« (Hermelink) sind Anlass, den Dialog zu suchen: Es geht dabei nicht nur um die Frage, was *von* Bestatter*innen, sondern auch wie *mit* ihnen gemeinsam zu lernen ist.

2.3 Bestatten als religiöse Dienstleistung

Bestatten als religiöse Dienstleistung der Kirchen zu verstehen, ist umstritten und löst auf Pfarrkonferenzen nicht selten hitzige Debatten aus. Offensichtlich ist damit eine Frage des beruflichen Selbstverständnisses verbunden.

Bestattung als Dienstleistung

Ganz neu ist die Frage nach Bestattung als Dienstleistung nicht. Auf der Tagung der Arbeitsgemeinschaft Friedhof und Denkmal: »Asche zu Asche …? Zur Erneuerung der kirchlichen Beerdigung« (1997) in der Evangelischen Akademie Hofgeismar plädiert Risto für ein diakonisches Verständnis der Bestattung: Als Dienstleistung sei sie »eine offensive Strategie der Kirche im Umgang mit ihrer gesellschaftlichen Krise« (Risto 1997, 17). Inzwischen liegen ein weiterer Impuls einer interdisziplinären Tagung vor, die im Februar 2018 stattfand und deren Ergebnisse unter dem Titel »Bestattung als Dienstleistung. Ökonomie des Abschieds« (Klie/Kühn 2019) veröffentlicht sind.

Verhalten von Kund*innen

Entwicklung und Transformation des Dienstleistungssektors in Deutschland, der nahezu 70 % der Bruttowertschöpfung ausmacht, sind erheblich (Brock/Bergel/Kaatz 2019, 39–53). Das wird unter anderem daran deutlich, dass sich das Verhalten von Kund*innen deutlich verändert hat: Die Nachfrage nach individuellen Leistungen hat zugenommen, Anbieter werden mit höheren Erwartungen konfrontiert, zudem ist ein Bedürfnis feststellbar, aufgrund des zunehmenden Zeitmangels »durch Anbieter entlastet zu werden« (Brock/Bergel/Kaatz 2019, 39). Dennoch kann eine personenbezogene Dienstleistung nur gelingen, wenn die Kund*innen direkt oder indirekt in den Leistungsprozess eingebunden sind.

personenbezogene Dienstleistungen

Betriebswirtschaftlich gesehen sind für personenbezogene Dienstleistungen folgende Aspekte wesentlich (siehe Art. »Dienstleistung« 6.1, www.wikipedia.de):

- Ziel, Prozess und Maßnahmen werden ausgehandelt: »Der Kunde muss am Prozess mitwirken, wenn das Ziel erreicht werden soll.« (Art. Dienstleistung)
- Basis der Dienstleistung sind die sozialen Beziehungen.
- Standardisierungen sind kaum möglich; deshalb müssen Fragen gemeinsam erhoben und Mitwirkung am Prozess motiviert werden.
- Evaluationen sind erforderlich, um die Qualität einer Dienstleistung sichern oder verbessern zu können.

Schlüssel zur Zufriedenheit der Kund*innen

Diese Aspekte decken sich mit Beobachtungen in der aktuellen kirchlichen Bestattungspraxis. Die Nachfrage nach individuellen Leistungen wie beispielsweise Einspielen des Lieblingslieds der*des Verstorbenen hat deutlich zugenommen, Pfarrer*innen und Prädikant*innen sehen sich höheren Erwartungen etwa in der Frage der Terminfindung ausgesetzt. Sie erleben, wie hoch das Bedürfnis ist, professionell entlastet zu werden, aber dennoch in die verschiedenen Aspekte der Vorbereitung der Trauerfeier einbezogen zu werden. Der Schlüssel zur Zufriedenheit der Kund*innen sei »die konsequente Kundenorientierung« (Brock/Bergel/Kaatz 2019, 43). Diesen Satz werden Pfarrer*innen und Prädikant*innen bestätigen können, auch wenn mit ihm ein Kernproblem ihrer Unzufriedenheit in den Blick kommt. Sie stellt sich ein, wenn sie sich den Kund*innenwünschen ausgeliefert fühlen und sich als Kultkasper, Zeremonienmeisterin oder sprechenden Lorbeerbaum degradiert sehen.

Entwicklungen im Dienstleistungssektor

Die Dienstleistungsperspektive differenziert sich weiter aus, wenn neuere Entwicklungen im Dienstleistungssektor in den Blick genommen werden (Brock/Bergel/Kaatz 2019, 44–49):

- Mit der Digitalisierung verändert sich die Rolle der Kund*innen: Sie werden von passiven Konsument*innen zu »aktiven Teilnehmern in Innovations-, Entwicklungs- und Wertschöpfungsprozessen« (45).
- Mit der steigenden Integration der externen Faktoren kommt es zu einschneidenden Veränderungen in der Führung von Dienstleistungsmarken: »Kunden benötigen unvergessliche Erlebnisse, die sie mit einer Marke verbinden« (46).
- Der wachsende Wunsch nach individuellen Dienstleistungsprofilen und der Wunsch nach Entlastung führen zu lösungsorientierten Leistungsbündeln, bei denen verschiedene Leistungen mit Blick auf die

Kund*innenprofile kombiniert werden; Unternehmen werden zu »Problemlösern ihrer Kunden« (48).

Die Transformationen des Dienstleistungssektors beeinflussen auch Bestattungsinstitute; dennoch sind Grenzen in der Übernahme spezifischer Ansätze und Methoden zu bedenken, da diese Institute »mit besonderer Sensibilität und Pietät« (Brock/Bergel/Kaatz 2019, 50) agieren.

Was bedeuten die Überlegungen für kirchliches Bestatten? Die Transformationsprozesse, wie sie betriebswirtschaftlich skizziert werden, erinnern auf der einen Seite an protestantische Anliegen (die Sicht nach innen), auf der anderen Seite geben sie einen Impuls für die Frage nach Leistungsbündeln im kirchlichen Handeln (die Sicht nach außen).

Zur Sicht nach innen

Die aktive Einbindung des Kunden in Leistungsprozesse ist für die Bestattungspraxis nichts Neues, aber sie lenkt die Aufmerksamkeit auf das protestantische Anliegen der Partizipation, im Fall des Bestattens die Mitarbeit der Trauernden am Trauerprozess. Es ist die Aufgabe von Prädikant*innen und Pfarrer*innen, nicht nur zur Mitarbeit zu motivieren, sondern die Trauernden auch darin zu unterstützen, ihre je individuell-familiäre Form des Abschiednehmens zu finden.

> Wer das Bestatten von einer Dienstleistung her denkt, setzt bei den Bedürfnissen der Trauernden an und versucht von dort aus, Handlungskonzepte zu entwickeln. Es ist Teil der pastoralen Aufgabe, mit der interaktiven Asymmetrie zwischen Leistungsträger*innen und Leistungsempfänger*innen professionell umzugehen: Aushandlungsprozesse sind nicht nur zuzulassen, sondern bewusst zu suchen und zu fördern. Sie sind keine persönliche Infragestellung, sondern Ausdruck einer professionellen Beratungshaltung.

Zur Sicht nach außen

Die betriebswirtschaftliche Sicht kann nicht nur Klärungen nach innen, sondern auch nach außen anregen. Nach außen bedeutet, zu fragen, wie sich das kirchliche Bestatten im Sinn von Leistungsbündeln mit anderen vernetzen kann und muss:

»Eine Neubesinnung der kirchlichen Bestattung wird nicht funktionieren ohne eine Neuorientierung des Verhältnisses der Theologen zu den anderen helfenden Berufen, die in einem Trauerfall beteiligt sind: Ärzte, Steinmetze, Friedhofsgärtner und zuallererst Bestatter« (Risto 1998, 15f).

Im Sinn eines entlastenden Leistungsbündels ist eine Kooperation mit Bestatter*innen unerlässlich. Sie ist nicht einfach, wenn das Verhältnis von Statusunterschied und Konkurrenz bestimmt wird. Aber beide Berufe haben das gemeinsame Anliegen, Trauernde zu begleiten und zu unterstützen, entweder aus primär wirtschaftlicher oder aus primär religiöser Sicht. Dabei kann die Einsicht, dass sich beide Berufsgruppen je auf ihre Weise in dem Spannungsfeld zwischen Wirtschaft und Religion bewegen, ihre Dialogbereitschaft erhöhen. Neben Bestatter*innen sind weitere Berufe im Umfeld des Bestattens in den Blick zu nehmen, sodass Ideen für Leistungskataloge und Leistungsbündel entstehen.

weitere Berufe

Hier wird deutlich, dass Bestatten als religiöse Dienstleistung mit einem Wechsel der Perspektive und Haltung verbunden ist. Werte wie »Fürsorge« und »Netzwerkarbeit« (Morgan 2008, 310), aber auch »Risikobereitschaft« (Morgan 2008, 85) treten in den Vordergrund. Aus organisationstheoretischer Sicht gilt zu berücksichtigen, dass in einem pluralen und komplexen Kontext nur die Organisationen eine reale Überlebenschance haben, die in ihrer inneren Ausrichtung der »Anforderungsvielfalt« (Morgan 2008, 63) ihres Umfeldes entsprechen.

Die kirchlichen Vorbehalte sind erheblich. »Dann müssten wir uns ja festlegen!« ist als Einwand bei Pfarrkonferenzen zu hören. Oder: »Wir haben gar nicht die Strukturen für solche Dienstleistungen«. Dennoch stellt sich die Frage, ob der Wechsel der Perspektive und Haltung der Sache nicht angemessen ist. Immerhin gibt es neben den Unterschieden in den Systemen Wirtschaft und Religion auch Gemeinsamkeiten, da auch aus betriebswirtschaftlicher Sicht durch Integration der Externen ein Moment des Risikos oder der Unverfügbarkeit ins Spiel kommt. Dienstleistung muss nicht bedeuten, dass Religion verfügbar gemacht wird, von Kosten abhängig oder in das Belieben der Kund*innen gestellt wird. Ohne Frage, sie wird von ihnen abhängig. Aber Religion ist ein kommunikativer Prozess, der davon lebt, dass verschiedene Perspektiven in einen Dialog treten.

Wechsel der Perspektive und Haltung

Die Aufgabe von Pfarrer*innen und Prädikant*innen ist eine assistierende: Sie sind Hebammen des Glaubens, beraten, geben Impulse, schaffen Räume, in denen sich Religion als Grundvertrauen in das Leben und Hoffnung über den Tod hinaus entfalten kann.

Die Diskussion um die Bestattung als eine religiöse Dienstleitung hat Ähnlichkeiten mit der Debatte um das Gefühl, bei Kasualien nur noch »Zeremonienmeister« zu sein. Ende der 1960er-Jahre gab es den Impuls, das (im kirchlichen Kontext so empfundene) Schimpfwort ins Positive zu wenden, sozusagen eine Strategie des Umcodierens anzuwenden (siehe unten 3.7). Je besser der Pfarrer »seine Rolle als Zeremonienmeister ver-

Strategie des Umcodierens

steht, desto grösser wird sein Spielraum« (Neidhart 1968, 232). Dem Schimpfwort »Dienstleistung« (im kirchlichen Kontext) ist eine ähnliche positive Wendung zu wünschen: Je besser Pfarrer*innen und Prädikant*innen ihre Rolle als Dienstleister*innen annehmen, desto größer wird ihr Spielraum sein.

2.4 Milieusensibel bestatten

Mit der Rezeption der milieutheoretischen Perspektive in der Praktischen Theologie ist das Anliegen verbunden, Vielfalt differenziert wahrzunehmen und zu ihrem Recht kommen zu lassen. Das gilt in besonderer Weise für die Kasualpraxis und mithin für das kirchliche Bestatten.

Streitgespräch

In einem Streitgespräch zwischen der Bayreuther Regionalbischöfin Dorothea Greiner und dem Bestatter Fritz Roth (Fallet/Holch 2011) geht es zunächst um die Frage, ob eine Trauung auch in einem Garten stattfinden könne. Dann werden Fragen des Trauergottesdienstes angesprochen, unter anderem, wie mit dem Wunsch umzugehen sei, in der Trauerfeier eine Diashow mit Bildern des Verstorbenen zu zeigen. Fritz Roth:

> »Das ist zeitgemäß. Ich habe einige Trauerfeiern gehalten für Opfer des Tsunami. Da war kein Toter mehr. Aber da lag sein Motorradanzug, daneben eine Flasche Rotwein. Wenn ich den Trauerenden vermitteln will, dass der Verstorbene auf einer anderen Ebene weiter mit ihnen verbunden ist, brauche ich Instrumentarien, die die Leute berühren.« (29)

Dorothea Greiner hingegen gibt zu bedenken:

> »Ja und nein. Wenn alles möglich ist in unseren christlichen Trauerfeiern, werden sie profillos und werden auch nicht mehr gebraucht. Es muss uns gelingen, beides zu vereinbaren: auf die Menschen einzugehen und unser Evangelium zum Strahlen zu bringen« (29).

Frage der Musik

Eine deutliche Grenze sieht sie auch bei der Frage der Musik. Ein Musikstück wie »Highway to Hell« könne sie sich für die Trauerfeier auch mit Blick auf weitere Angehörige nicht vorstellen; dagegen Fritz Roth:

> »Für mich wirkt Gott in ›Highway to Hell‹ wie auch in »Befiehl du deine Wege‹. In der Trauerfeier sollte man die Persönlichkeit des Einzelnen

zum Ausdruck bringen – dann kommt es darauf an, darin ein Wirken Gottes zu finden und eine Perspektive. Trauerwege sind Wüstenwege, da brauche ich meine Oasen, etwas Vertrautes, um irgendwann wieder in den Auen des Lebens anzukommen. Da kann ›Highway to Hell‹ eine Möglichkeit sein.« (29)

Kommt hier ein theologischer Streit zum Ausdruck? Oder geht es um Fragen des Geschmacks?

In ihrem Band »Milieus praktisch« (2008) unterscheiden Schulz, Hauschildt und Kohler im Anschluss an die vierte Kirchenmitgliedschaftsstudie der EKD (2002) sechs Milieus in der evangelischen Kirche. Sie differenzieren sie nach verschiedenen Aspekten; aufschlussreich für das kirchliche Bestatten sind unter anderem Kirchenbild, Pfarrbild, Gottesdienstschema und Gesangbuchlieder (nach Schulz/Hauschildt/Kohler 2008, 282–293):

Tab. 3: Milieus in der Evangelischen Kirche in Deutschland

Milieu	Kirchenbild	Pfarrbild	Gottesdienst	Gesangbuch (EG)
Hochkulturelle	Kirche als Garantin für Werte und Kultur	Theologische*r Expert*in Dialogpartner*in	Traditionelle Kulthandlung	Jesus Christus herrscht als König (123)
Bodenständige	Kirche als Heimat	Person des Vertrauens und des Respekts	Vergewisserung der heilen Welt	Danke (334)
Mobile	Kirche als Option und Projekt	Ansprechpartner*in für den Fall der Fälle	Religiöses Event	Taizégesänge
Kritische	Kirche auf dem Weg	Manager*in Vorbild in der Spiritualität	Eine Stunde zum Nachdenken oder Meditieren	Das sollt ihr, Jesu Jünger, nie vergessen (221)
Gesellige	Kirche für den Ort, gesellige Begleiterin	Engagierte Mitmenschen	Soziales Erlebnis	Ich möcht, dass einer mit mir geht (209)

Milieu	Kirchenbild	Pfarrbild	Gottesdienst	Gesangbuch (EG)
Zurückgezogene	Kirche als Institution der Nächstenliebe	Repräsentant*in einer fernen Institution	Traditionelle Vorführung	Lobet den Herren (317)

Schon diese Übersicht macht deutlich, dass Religion, Kirche und Kommunikation des Evangeliums kontextuell zu denken sind. Die einzelnen Milieus lassen verschiedene Aspekte hervortreten, ohne jeweils das Ganze im Blick haben zu können. Die Milieuperspektive fordert die Pluralitätsfähigkeit kirchlichen Bestattens heraus.

Pluralitätsfähigkeit

Ist »Milieus praktisch« auf kirchliches Handeln insgesamt bezogen, arbeitet das »Handbuch Bestattung« (2019) die Milieuperspektive konkret für die kirchliche Bestattungspraxis aus. Es werden unter Bezug auf die Sinus-Studie zehn Milieus beschrieben, ihr Wertprofil tritt exemplarisch an der Einschätzung hervor, was jeweils geschätzt werde (Hempelmann/Schließer/Schubert/Weimer 2019, 159–265):

zehn Milieus

1. Das konservativ-etablierte Milieu freut sich, wenn Traditionen und Symbole ästhetisch verbal entfaltet werden,
2. das liberal-intellektuelle Milieu, wenn Gestaltungswünsche stimmig integriert werden,
3. das Milieu der Performer, wenn die Bestattung anspruchsvoll gestaltet ist,
4. das expeditive Milieu, wenn die Trauerfeier Raum für experimentelle Formen bietet,
5. das Milieu der bürgerlichen Mitte, wenn die Wertschätzung des Verstorbenen im Mittelpunkt der Trauerfeier steht,
6. das adaptiv-pragmatische Milieu, wenn die Bestattung ganzheitlich gestaltet ist,
7. das sozialökologische Milieu, wenn die Predigt kritische Impulse zu gesellschaftlichen Themen vermittelt,
8. das traditionelle Milieu, wenn die »guten Seiten« des Verstorbenen in den Blick rücken,
9. das prekäre Milieu, wenn Angst genommen und klare Orientierung gegeben wird,
10. das hedonistische Milieu, wenn es etwas zu erleben gibt.

Hinter dieser Rekonstruktion stehen für die Praxis des Bestattens weiterführende konzeptionelle Entscheidungen:

- kirchliches Bestatten wird als ein mehrdimensionaler und ausgedehnter Prozess verstanden, zu dem Sterbebegleitung, Aussegnung und verschiedene Formen der Trauerbegleitung zählen;
- hinsichtlich der Frage des Zielmilieus wird die Entscheidung getroffen, sich auf das Milieu der Verstorbenen zu konzentrieren, Spannungen, die sich durch die Milieudiversität in der Trauergemeinde ergeben, gilt es auszuhalten;
- zur hermeneutischen Kompetenz zählt das Austarieren der Spannung zwischen Anknüpfung und Widerspruch (»evangelische Provokationen«),
- von »Milieus praktisch« wird übernommen, in der Milieuperspektive ein »Instrument« (Schulz/Hauschildt/Kohler 2008, 13) zu sehen, das Wahrnehmung schärft, eigene Vorlieben hinterfragen und Neues entdecken lässt.

ästhetische Profile zweier Milieus

Zur Konkretion seien die ästhetischen Profile zweier Milieus hervorgehoben. Das Profil oder die Tonalität der Trauerfeier im konservativ-etablierten Milieu ist davon bestimmt, dass sich die Liturgie an den örtlichen Traditionen orientiert, auf die innere Anteilnahme der Trauernden setzt und Nachrufe im Rahmen des Leichenschmauses stattfinden lässt. Der Tonalität der Trauerfeier im expeditiven Milieu hingegen haftet etwas »Grenzüberschreitendes an« (Hempelmann/Schließer/Schubert/Weimer 2019, 197); sie ist ein Ereignis, in dem sich Individualität unkonventionell entfalten kann und bei dem der Einsatz von Beamer und Multimedia die Möglichkeit bietet, »all die unterschiedlichen Orte, Menschen und Tätigkeiten der Verstorbenen noch einmal gegenwärtig werden zu lassen« (Hempelmann/Schließer/Schubert/Weimer 2019, 197).

Es fällt nicht schwer, das Streitgespräch zwischen der Regionalbischöfin und dem Bestatter vor diesem Hintergrund als Ausdruck dafür zu sehen, dass hier zwei Milieus aufeinanderprallen: Bei der Regionalbischöfin lassen sich Elemente des konservativ-etablierten, beim Bestatter Elemente des expeditiven Milieus erkennen. Der Streit entpuppt sich als ein Streit primär um Orte (Garten), Instrumentarien (Rotweinflasche), Medien (Bildershow) und Musik (»Highway to Hell«). Er ist pastoraltheologisch aufschlussreich, da die Themen, die hier verhandelt werden, nicht selten auch Konfliktthemen in Trauergesprächen sind: Was lehnen Prädikant*innen oder Pfarrer*innen aus theologischen, was aus Gründen ihrer Herkunft aus einem bestimmten Milieu ab? Wie können sich die verschiedenen Perspektiven nicht nur gegenseitig ausschließen, sondern bereichern?

Hilfreich ist, bei den einzelnen Milieus nicht nur die Sonnenseiten, sondern auch die Schattenseiten zu sehen. So ist die Sonnenseite des konservativ-etablierten Milieus, verlässlich und klar zu sein, die Schattenseite hingegen, zu Inflexibilität zu tendieren. Die Sonnenseite des expeditiven Milieus ist, situativ offen zu sein, seine Schattenseite hingegen, nicht richtig greifbar zu sein.

verschiedene Perspektiven im Dialog

In diesem Sinn hält das Streitgespräch pastoraltheologisch dazu an, nicht einfach »wie« die Bischöfin oder »wie« der Bestatter zu handeln, sondern verschiedene Perspektiven in einen Dialog treten zu lassen, um von da aus einen jeweils situativen, kontextuell denkenden Handlungsansatz zu entwickeln: Die Bedenken der Bischöfin, »Highway to Hell« zu spielen, sind ebenso zu berücksichtigen wie das Anliegen des Bestatters, Individualität auch musikalisch zu würdigen.

2.5 Trauern auf virtuellen Friedhöfen

Trauernetz.de

Trauernetz.de ist ein Angebot der evangelischen Kirche im Netz. Trauernde finden hier Hinweise zur Trauersituation, Beratungsangebote und Trauergruppen, Trauersprüche und eine umfangreiche Sammlung von Musik, Filmen, Literatur und Geschichten. Zudem können sie dem »Totenhemdblog« von Annegret und Petra folgen oder auf eine Gedenkseite wechseln: Einzelne Namen sind zu finden, aber auch Einträge wie »Die Opfer des Terrors in Hanau« vom 19. Februar 2020 mit der Möglichkeit, eine Kerze anzuzünden oder ein Gebet zu formulieren.

Trauernetz.de zählt als Trauerportal zu den vier Formen von Trauerseiten im Internet: Es gibt individuelle Gedenkseiten, Social-Network-Sites, virtuelle Friedhöfe und Gedenkseiten sowie Trauer- und Erinnerungsportale. Es ist kaum verwunderlich, dass im Zeitalter von Internet und Onlinegemeinschaften ein so einschneidendes Ereignis wie der Tod eines Menschen mehr und mehr im Internet betrauert wird, »ob mit Pixelblumen, virtuellen Trauerkerzen oder mittels digitaler Kondolenzbücher, ob auf Online-Friedhöfen, Trauerforen oder in sozialen Netzwerken« (Offerhaus 2016, 37).

Das Phänomen mediatisierter Trauerprozesse lässt sich als Ausdruck des Wandels der Trauerkultur lesen. Anke Offerhaus hat in einer empirischen Studie die Trauerprozesse auf virtuellen Friedhöfen (beispielsweise www.strassederbesten.de) untersucht und kommt zu folgenden Einsichten:

- Es gibt ein starkes Bedürfnis, Trauer in individueller Form auszudrücken, intime Situationen und Gespräche mit den Verstorbenen sind keine Seltenheit;
- die Form der Kommunikation ist »sehr konsensorientiert und unterstützend« (Offerhaus 2016, 54); oft wird die Möglichkeit der Anonymität durchbrochen und mit realen Namen kommuniziert; dabei spielen auch gegenseitige Ratschläge und nonverbale Rituale wie das Anzünden einer Kerze eine Rolle;
- Trauergemeinschaften im Netz sind Gemeinschaften auf Zeit, die durch das gemeinsam geteilte Schicksal zusammengehalten werden; dabei ist auffallend, dass vor allem die Trauernden den Austausch suchen, die sich mit ihrer Trauer in Familie und Freundeskreis nicht aufgehoben fühlen;
- religiöse oder kirchliche Bezüge spielen in der Trauerkommunikation nahezu keine Rolle, aber es ist eine »individualisierte Form der Spiritualität« (Offerhaus 2016, 51) erkennbar; Offerhaus (2016, 51) deutet diesen Befund als Ausdruck einer Spiritualität, die »wenig bis gar nicht sozial normiert« ist;
- damit kommt ein erstes Spannungsverhältnis in den Blick, der Umgang mit gesellschaftlich-kirchlichen Normen:

  »Zum einen schaffen sich Trauernde in einer im Zuge rückläufiger religiöser Bindungen entstandenen Situation relativer Knappheit kollektiv verbindlicher Trauerrituale eigene, individuell bedeutsame Rituale. Zum anderen entziehen sich im Internet Trauernde der gesellschaftlichen Erwartung einer zügigen Überwindung der Trauer, indem sie sich einen zeitlich unbegrenzten Raum der Trauer schaffen und diesen z. T. auch mit anderen Trauernden teilen« (Offerhaus 2016, 53);

- das andere Spannungsverhältnis beschreibt Offerhaus unter Rückgriff auf die Unterscheidung im Englischen zwischen *mourning* und *grieving*: *mourning* stehe für sozial und religiös normierte, *grieving* für individuell-persönliche Formen des Trauerns. Das Auffallende sei, dass die Trauerarbeit im Netz auf der einen Seite persönlich-intim ausfällt *(grieving)*, auf der anderen Seite aber öffentlich zugänglich ist *(mourning)*.

mourning und grieving

Offen ist, wie sich solche Prozesse einer von Raum und Zeit unabhängigen Langzeittrauer auf die Trauernden selbst auswirkt. Offen sind auch die Folgen des virtuellen Friedhofs für die Trauerkultur als Ganze: Denn im Unterschied zum analogen ist der digitale Friedhof kein Ort der Totenruhe. Virtuelle Friedhöfe sind keine Grabstätten letzter Ruhe, sondern »Medienangebote, die auf Tote referieren« (Schmidt 2008, 285) und denen, die um sie trauern, stets die Option einräumen, ihnen neu und anders zu begegnen.

Herausforderungen für das kirchliche Bestatten

Aus praktisch-theologischer Sicht ergeben sich verschiedene Herausforderungen für das kirchliche Bestatten. Eine zentrale Herausforderung stellt sich mit der Einsicht in die spezifischen Spannungsverhältnisse zu den gesellschaftlich-religiösen Mustern von Bestatten und Trauern: Wie kann es analogen Trauerfeiern gelingen, Kommunikationsräume zu öffnen, »die symbolische Artikulationen und Inszenierungen dessen ermöglichen, was im Leben Vertrauen und Hoffnung schenkt« (Nord/Luthe 2015, 327)? Die Kultur, die dafür erforderlich ist, muss sich von institutionellen Interessen und Mustern lösen und stärker von dem her zu denken lernen, was Menschen in ihrer Trauer benötigen.

was Menschen in ihrer Trauer benötigen

Eine weitere Herausforderung ist in der »Tendenz zur Community-Bildung von Trauernden« (Nord /Luthe 2015, 327) zu sehen: Wie kann eine »wirksame Hilfe der Kirche für die Krisensituation des familialen Systems« (Spiegel 1971, 230) aussehen, wenn viele Trauernde Trost im Teilen des gemeinsamen Schicksals in Online-Communities finden?

2.6 Initiativen zur Trauerbegleitung

Eine kirchliche Initiative zur Stärkung der Trauerbegleitung ging von den neueren Bestattungsagenden (seit 2002) aus. Unter Rekurs auf Einsichten der Trauerforschung wird Bestatten als ein längerer Prozess verstanden, den es kirchlich zu begleiten gelte. Klar erkennbar ist das Bestreben, »den Akt der Bestattung aus seiner rituellen Isolierung zu lösen und wieder stärker in den Gesamtzusammenhang liturgisch-seelsorgerlicher Sterbe- und Trauerbegleitung einzubinden« (Bieritz 2008, 129 f.). Umso verwunderlicher ist, dass die zuletzt erschienene Bestattungsagende der Evangelischen Kirche der Pfalz (2019) diesen Gesamtzusammenhang nicht berücksichtigt.

Der Begriff »bestatten« steht, anders als »beerdigen«, für ein weites Verständnis, das auch den Trauerprozess vor und nach Trauerfeier und Beisetzung im Blick hat. Grob strukturiert lassen sich vier Stationen unterscheiden:

Begriff »bestatten«

1. Mit Sterbenden kann das Abendmahl gefeiert werden, ihnen kann die Beichte abgenommen, mit ihnen kann gebetet werden.
   Hilfreich bis heute ist Luthers »Sermon von der Bereitung zum Sterben« (1519). Luther (1519/1982, 20) plädiert hier für das Suchen nach Bildern, die nicht in Ängsten verharren, sondern ein »Hindurchsehen« auf den Himmel möglich machen. Das Sterben müsse man sich vorstellen wie eine Geburt:

   »Es geht hier zu, wie wenn ein Kind aus der kleinen Wohnung in seiner Mutter Leib mit Gefahr und Ängsten hineingeboren wird in diesen weiten Raum von Himmel und Erde [...]: Ebenso geht der Mensch durch die enge Pforte des Todes aus diesem Leben, und obwohl der Himmel und die Welt, worin wir jetzt leben, für groß und weit angesehen werden, so sind sie doch gegenüber dem zukünftigen Himmel viel enger und kleiner [...]. Darum heißt der lieben Heiligen Sterben eine neue Geburt, und ihren Festtag nennt man auf Lateinisch ›natale‹, ihren Geburtstag« (Luther 1519/1982, 16 f.).

Abschied am Sterbebett

2. Die Zeit zwischen Tod und Bestattung ist für den Trauerprozess bedeutsam und kann die Aufgabe unterstützen, den Tod zu realisieren. Diese Zeit muss bewusst gesucht und gestaltet werden, da der Umgang mit Todesfällen in der Regel durch professionelle Routinen bestimmt ist: »Wer anders handeln will, muss sich bewusst dafür entscheiden, und zwar in einem kleinen Zeitfenster, das von hoher emotionaler Belastung bestimmt ist« (Liturgische Konferenz 2015, 19). So wird verständlich, dass das Wahrnehmen dieser Zeit auch eine kirchliche »Bildungsaufgabe« (113) darstellt.

Übergangszeit

3. War einst der Trauerprozess ein realer Weg, der den Abschied und Übergang rituell-symbolisch verdichtete (siehe oben 2.1.), so forciert der Wandel der Bestattungskultur seine Privatisierung mit der Folge, dass der »Bedarf an individueller Trauerbegleitung« (Lammer 2010, 14) zunimmt.

Trauerfeier und Bestattung

4. Die Trauerarbeit ist ein längerer Prozess, der gesellschaftlich nicht mehr sichtbar und auch nicht mehr geschützt ist. Es gibt vielfältige Möglichkeiten und Formen, Trauerarbeit kirchlich zu begleiten, neben

Rückkehr ins Leben

einem »Sechs-Wochen-Gedenken« (Bestattung EKKW 2006, 121) etwa: eine Nachricht zum Todestag, Trauer-Cafés, kirchliche Beratungsstellen oder trauernetz.de.

Einsichten neuerer Trauerforschungen

Vielfach hat sich kirchliche Trauerbegleitung etabliert. Sie basiert auf Einsichten neuerer Trauerforschungen, die Lammer (2010) in ihrem Buch »Trauer verstehen« allgemein zugänglich macht; folgende Einsichten sind hervorzuheben:

- Trauer kann als »normale Reaktion auf einen bedeutenden Verlust« (9) verstanden werden, sie ist keine Krankheit;
- Trauerprozesse dauern länger als bisher angenommen (zwei, drei, fünf Jahre oder mehr);
- das klassische Modell der Trauerphasen wirkt zu sehr normierend und wird den individuellen Formen der Trauer nicht gerecht;
- die Schockphase zu Beginn des Trauerprozesses ist ein »Mythos« (100); die Intensität der Trauer zu Beginn spricht dafür, die Trauerbegleitung so früh wie möglich beginnen zu lassen, also am Sterbebett;
- aufgrund der hohen Gesundheits- und Sterblichkeitsrisiken infolge komplizierter Trauerprozesse ist eine präventive Trauerbegleitung sehr wichtig; sie solle dort stattfinden, wo die Betroffenen heute sterben, besonders in Krankenhäusern und Pflegeeinrichtungen;
- von den Aufgaben der Trauerarbeit lassen sich sechs Aufgaben der Trauerbegleitung ableiten: den Tod begreifen helfen (Realisation), Reaktionen Raum geben (Initiation), Anerkennung des Verlusts äußern (Validation), Übergänge unterstützen (Progression), zum Erinnern und Erzählen ermutigen (Rekonstruktion) und Risiken und Ressourcen einschätzen (Evaluation).

Nach Lammer beginnt die kirchliche Trauerbegleitung in ihrer Konzentration auf Trauerfeier und Beisetzung zu spät und endet zu früh. Tatsächlich ist es so, dass die Impulse der agendarischen Reformen zur Trauerbegleitung von Pfarrer*innen und Prädikant*innen nur ansatzweise aufgenommen wurden; ein wesentliches Problem wird darin gesehen, dafür nicht ausreichend Zeit zu haben. So füllen Bestatter*innen bereits vielfach dieses Vakuum.

Für die kirchliche Trauerbegleitung ist dieser Prozess nicht unproblematisch, da damit ein weiteres, für das eigene Selbstverständnis wesentliches Element der religiösen Kommunikation in ein anderes gesellschaftliches Subsystem auswandert. Um es nicht zu verlieren, stellen sich drei Aufgaben:

> Erstens ist erforderlich, das Ehrenamtsengagement im Bereich der Trauerbegleitung weiterhin zu fördern, zweitens ist die Kooperation mit unterschiedlichen Akteuren wie Bestattungsinstituten oder Hospizvereinen zu suchen und drittens sind Konzepte für eine regional ausgerichtete Trauerarbeit weiterzuentwickeln und auszubauen.

diakonische Initiativen

Neben im engeren Sinn kirchlichen gibt es inzwischen zahlreiche diakonische Initiativen im Bereich der Trauerbegleitung (»Helfen zum Leben«). Dazu zählen Initiativen, die für eine würdige Bestattung von Menschen ohne Angehörige oder eigene Mittel sorgen.

Exemplarisch seien die Projekte »Krefelder Begräbnisbund« (www.krefelder-begraebnisbund.de), »Würde suchen. Sozialbestattungen mit Friedhofsmitarbeitenden« (siehe Friedrichs 2013, 56–59) oder die »Tobiasbruderschaft« in Göttingen, ein sozialdiakonisches Kooperationsprojekt zwischen Kirchengemeinden und Bestattungsinstituten, genannt: »Diakonisches Handeln im Geist Jesu Christi fragt nicht nach der Konfession, sondern nach der Not. Wo immer die Tobiasbruderschaft gebeten wird, nimmt sie sich eines Verstorbenen in ihren Trauergottesdiensten an« (Friedrichs 2013, 52f).

neues diakonisches Interesse

Ein neues diakonisches Interesse an Fragen des Bestattens dokumentiert der Sammelband: »Niemand soll vergessen sein« (Heuerding/Berger-Zell 2017), der auf Initiative der Diakonie Hessen entstanden ist und auf anschauliche Weise innovative Projekte und sozialdiakonische Initiativen dokumentiert, unter anderem:

- Solidarität unter dem Regenbogen – für Menschen, die an HIV/Aids gestorben sind
- Ökumenisches Requiem für wohnungslose Menschen
- Gezeiten-Café – Ort der Begegnung
- Grabpflegeprojekt für verstorbene wohnungslose Menschen
- Aussegnung im Evangelischen Altenhilfezentrum Haus Werragarten.

Aussegnung in einer Altenpflegeeinrichtung

Am zuletzt genannten Beispiel zeigt sich, dass Aussegnungen nicht isoliert gesehen werden dürfen, sondern im Idealfall Teil einer religiös-spirituellen Trauerkultur eines ganzen Hauses sind:

> »Wenn ein Mensch in unserem Haus verstorben ist, verabschieden wir uns in einer Aussegnungsfeier von ihm. Im Zimmer des Bewohners kommen Angehörige, Freunde, Mitbewohner sowie Mitarbeitende zusammen, wir erinnern uns an ihn anhand der Lebensgeschichte und

der Erlebnisse, die wir mit dem Verstorbenen haben durften. Für den Verstorbenen wird im Haus ein Abschiedstisch gestaltet. Eine Kerze wird entzündet, ein Bild des Verstorbenen mit einem Abschiedsspruch aufgestellt und meist ein Lieblingsstück des Verstorbenen hinzugelegt. Auf einen Stein schreiben wir seine Lebensdaten. So gibt es unmittelbar die Möglichkeit, sich zu erinnern und Abschied zu nehmen. Später werden das Bild des Verstorbenen und der Erinnerungsstein in unsere ›Erinnerungsecke‹ gebracht. In einem Lichthof sind an einer Wand drei Fenster angebracht. Dahinter sieht man die Namen und die Bilder der Menschen, von denen wir uns im vergangenen Jahr verabschiedet haben. Letzte Woche erst bat mich Frau M. (sie sitzt im Rollstuhl), die Fenster zu öffnen – sie wolle nach Fritz schauen« (Pieske 2017, 107).

zentrale kirchliche und diakonische Aufgabe

Trauerbegleitung ist eine zentrale kirchliche und diakonische Aufgabe. Mit ihr hat Kirche »einen Dienst an den Betroffenen, an der Gesellschaft und an sich selbst zu leisten.« (Lammer 2010, 16) Der Dienst an sich selbst besteht darin, dass Kirche hier, fokussiert auf die Themen der Endlichkeit und Geschöpflichkeit, mit anderen gesellschaftlichen Gruppen gemeinsam Kirche in ihren kommunikativen Grundformen »Gemeinschaftlich Feiern«, »Helfen zum Leben« und »Lehren und Lernen« sein kann.

2.7 »Zarter Amtsbestatter«

»Mr. May und das Flüstern der Ewigkeit«

Aufgaben und Anforderungen

In der Einleitung habe ich auf Pasolinis Film »Mr. May und das Flüstern der Ewigkeit« aufmerksam gemacht. Der Film ist nicht nur unter cineastischer Perspektive eindrucksvoll, sondern auch unter pastoraltheologischen Aspekten anregend. Nach Doll hat der Wandel der Bestattungskultur »massive Zuwächse« (Doll 2019, 115) an Aufgaben und Anforderungen im Pfarrberuf zur Folge. Er nennt im Wesentlichen, dass

- ein Trauergespräch in der Regel nicht mehr ausreiche, um sich gut aufeinander einstellen und die Trauerfeier mit den vielen Ideen, die es heute gebe, vorbereiten zu können;
- Pfarrer*innen in die Rolle von Bestattungsreisenden gerieten; von ihnen werde erwartet, sich beispielsweise bei einer Bestattung im Friedwald mobil und flexibel zu zeigen und sich in Vorgegebenes einzupassen;

- nach der Erstberatung durch Bestattungsinstitute von Pfarrer*innen eine Zweitberatung auf Dienstleistungsniveau erwartet werde; Konfliktpotenzial sei vorprogrammiert, wenn Pfarrer*innen nicht bereit seien, die Rolle eines »geschmeidigen Dienstleisters« (118) zu übernehmen;
- die Berater*innenrolle sich um »anwaltschaftliche Rollenanteile« (118) erweitere, wenn verschiedene Interessen und Anliegen in die Trauerfeier als einer öffentlichen Veranstaltung zu integrieren seien;
- sich die Konkurrenz unter Kolleg*innen verstärke; unter der Hand kursierten Rankings, bei Hinterbliebenen ebenso wie bei Bestatter*innen;
- sich die hermeneutischen Anforderungen erhöht haben, da die christlichen Traditionsstücke milieusensibel zu behandeln seien.

Vor mehr als einhundert Jahren hat Niebergall beklagt, dass der Pfarrer »im Wagen zwischen Kirche und Kirchhof und Häusern umherrast und von einer Taufe zu einer Trauung und von dieser zu einer Beerdigung gejagt« (Niebergall 1912, 956) werde. Stand die Kasualpraxis schon früher unter Zeitdruck, hat sich die Situation heute verschärft: Die Ansprüche der Trauernden auf individuelle Formen wachsen, die Anforderungen im Dienstleistungssektor »Bestatten« werden höher; zudem verändern sich die Aufgaben im Pfarrberuf innerhalb des kirchlichen Strukturwandels.

unter Zeitdruck

Mit Recht weist Doll darauf hin, dass sich mit den Veränderungen des gesellschaftlichen Kontextes auch die Aufgaben und Rollen im Pfarrberuf verändern. Es gelte, »offensiv mit den Grenzen der eigenen Möglichkeiten umzugehen und flankierend die Rolle des Vermittlers« (Doll 2019, 121) im Sinn eines Netzwerkers einzunehmen. Bestatten wird zu einer spezifischen Leitungsaufgabe.

Leitungsaufgabe

Die Liste an Zuwächsen lässt das Bild von Pfarrer*innen entstehen, die die Aufgabenfülle wie Getriebene in einem Hamsterrad abarbeiten. Dieses Gefühl ist sicherlich vielen vertraut, ebenso die Sehnsucht nach »Ruhe und Sammlung« (Niebergall 1912, 956).

Diese Ruhe nimmt sich Mr. May als *funeral officer.* Er recherchiert im Amt, sucht Menschen auf und nimmt sich, wenn die offizielle Arbeit getan ist, am Abend Zeit für seine Toten: Ist ein Fall abgeschlossen, entnimmt er der Akte das Foto der verstorbenen Person und klebt es in ein eigens dafür geschaffenes Fotoalbum. Wer so arbeitet, ist für ein modernes Amt nicht zu halten: zu teuer, zu ineffektiv, nicht wirtschaftlich genug. Mr. May wird entlassen. Er kann aber aushandeln, noch seinen letzten Fall bearbeiten zu dürfen. Davon erzählt der Film.

Zeit für seine Toten

Mr. May sucht die Wohnung von Billy Stoke auf, »ein zum Säuferpenner abgestiegener Frauenheld und Fallschirmjägermacho« (Schulz-Ojala 2014), spürt Gegenstände auf, die ihn zu Hinterbliebenen führen. Er ist ein Bestatter auf Reisen: Die Menschen kommen nicht zu ihm, sondern er sucht die Menschen auf. Er trifft Stokes Liebschaft Mary, deren gemeinsame Tochter, eine weitere Tochter mit Namen Kelly, Veteranen seines Falkland-Einsatzes, Arbeitskollegen, Sportsfreunde – und zwei Obdachlose; mit ihnen unterhält er sich auf den Treppenstufen einer Kirche, trinkt mit ihnen Whiskey und versucht sie zu bewegen, an der Trauerfeier für Stoke teilzunehmen.

Bestatter auf Reisen

In diesen Begegnungen verändert sich John May, insbesondere als er beginnt, sich in Kelly zu verlieben. Der Film setzt diesen Veränderungsprozess auch farblich um: »Je weiter sich die Geschichte entwickelt und John May sich der Welt öffnet, desto mehr Farben kommen hinzu« (Booklet, Mr. May und das Flüstern der Ewigkeit). Er endet tragisch-hoffnungsvoll: John May, der für Kelly ein Geschenk gekauft hat, läuft gedankenversunken vor einen Bus und stirbt. Er wird zeitglich mit Billy Stoke bestattet. Zu dessen Bestattung kommen die, die John May aufgesucht hatte. Es ist ihm gelungen, sie zur Trauerfeier zu versammeln. An seiner Bestattung hingegen nimmt zunächst niemand teil, bis sich nach und nach all diejenigen Toten an seinem Grab versammeln, die er in sein Fotoalbum eingeklebt hatte.

Wie geht unsere Gesellschaft mit ihren Toten um?

Wie geht unsere Gesellschaft mit ihren Toten um? Wie mit den Lebenden? Für das Amt ist das, was John May tut, verrückt. Warum, so argumentiert sein Vorgesetzter, so viel Aufwand betreiben, wenn am Ende doch niemand kommt? Davon lässt sich Mr. May nicht beirren. Unbeirrbar kümmert er sich um die Hinterbliebenen. Er *lernt* Widerständigkeit bei Stoke, *leistet Hilfe zum Leben,* indem er einzelnen Menschen Aufmerksamkeit schenkt, und bereitet *gemeinschaftliches Feiern* vor.

Wie in einem Brennglas bündeln sich in dieser Figur Dimensionen der Humanität. Mr. May wird zu einem Kontrapunkt in einer Gesellschaft, die sich damit zufriedengeben kann, Toten, um die sich niemand kümmert, nicht die letzte Ehre zu erweisen. In seiner Besprechung des Films nennt ihn Schulz-Ojala (2014) feinsinnig einen »zarten Amtsbestatter«.

Löst diese Figur das Problem der Pfarrer*innen? Verstärkt sie nicht viel eher das Problem der Unzufriedenheit, trotz allem, was man tut, nie zu dem zu kommen, was man eigentlich will? Missverstanden wäre der Film, würde er als ein Plädoyer für eine Rückkehr »in die gute alte Zeit«

aufgefasst werden. Mr. May ist eine gesellschaftliche Randfigur, und nur als solche kann sie für das »Gefühl der Humanität« (Turner 2005, 109) eintreten: Er schenkt den Toten das, was sie im Leben nicht hatten: Aufmerksamkeit, und entwickelt eine Widerständigkeit, die ihm selbst neu ist. Er hält sich offen für die Geschichten derer, die er aufsucht, und lernt von seinen Toten, auch von Billy Stoke, der so ganz anders ist als er selbst.

gesellschaftliche Randfigur

> Als eine solche Randfigur regt der »zarte Amtsbestatter« Mr. May das pastorale Handeln beim Bestatten an. Es geht um Fürsorge (für die Toten), Netzwerkarbeit (unter den Hinterbliebenen) und Interesse an den Menschen, das sich in dem Bild verdichtet, mit ihnen gleichsam auf den Treppenstufen vor der Kirche zu sitzen und ihre Geschichten anzuhören.

Das Problem der Zeitnot löst der Film nicht. Im Gegenteil: Der, der wie aus der Zeit gefallen wirkt, wird ja entlassen. Aber Bilder wie das »mit Menschen auf Treppenstufen vor der Kirche sitzen« können motivieren, eines der Grundprobleme des Pfarrberufs, die Spannung zwischen »gering strukturiert« und »hoch unter Druck«, so auszutarieren, dass ausreichend Zeit für die Menschen bleibt (siehe Wagner-Rau 2009, 22–33).

3 Essentials – Handlungsspielräume in Spannungsfeldern

Der Versuch, Essentials als eine Art Konsens und Ausgangspunkt für die Praxis kirchlichen Bestattens zu beschreiben, lässt für die einzelnen Handlungsschritte typische Spannungsfelder entdecken: So bewegen sich Trauergespräche in der Spannung zwischen Intimität (Seelsorge) und Öffentlichkeit (Vorbereiten der Trauerfeier), Trauerpredigten zwischen Lobrede auf Verstorbene (so die Alte Kirche) und Auferstehungspredigt (so die Reformation) oder die Frage, ob Konfessionslose kirchlich bestattet werden dürfen, zwischen Kirchenrecht (Mitgliedschaft) und Seelsorge (Zuwendung in Trauersituation).

Handlungsspielräume erweitern sich, wenn die, die bestatten, in den konflikthaften Themen und Fragen zu einer Handlungsstrategie finden, die diese Spannungen wahrnimmt und versucht, auszuhalten.

3.1 Amtshandlung und Kasualie

Kirchliches Bestatten ist eine Handlung, die durch den Tod eines Menschen veranlasst ist. Es zählt zu den klassischen Kasualien, zu denen auch Taufe, Konfirmation und Trauung zählen. Weitere Kasualien haben sich etabliert, beispielsweise die Einschulung oder Trauerfeiern aus Anlass einer gesellschaftlichen Krise oder Katastrophe.

Kasualien sind bis heute das zentrale Motiv für die Mitgliedschaft in der Evangelischen Kirche. Dabei erreicht laut letzter Kirchenmitgliedschaftsuntersuchung der EKD (2012) die Antwortvorgabe: »… weil ich einmal kirchlich bestattet werden will« die höchste Zustimmung bei der Frage, warum Menschen Mitglied der Evangelischen Kirche sind (Kirchenamt der EKD 2014, 89).

Feld der religiösen Rituale

Was ist das Besondere der Kasualien? Es tritt hervor, wenn sie im Feld der religiösen Rituale verortet werden. Man kann drei Grundformen unterscheiden:

1. Kultrituale
   (Gottesdienst am Sonntagmorgen)
2. Übergangsrituale
   (Kasualien)
3. Kalendarische Rituale
   (Festgottesdienste wie Weihnachten, Ostern oder Erntedank)

Mit den Kasualien kommen Übergangsrituale in den Blick, die auf die Bearbeitung von spezifischen Lebensfragen bezogen sind. Ihre rituelle Logik besteht darin, konstitutiv auf Fragen der »Lebenswirklichkeit« (Ebertz 2000, 11) bezogen zu sein.

> Das bedeutet: Kasualien denken von der Lebenswelt her und versuchen, diese im Horizont der biblisch-christlichen Tradition zu deuten. Sie haben ihren Ausgangspunkt in dem, was gegenwärtig der Fall ist. Im Unterschied dazu denken Kultrituale wie der Sonntagsgottesdienst von der Tradition her und versuchen, Fragen der Lebenswelt aus dieser Perspektive in den Blick zu nehmen.

Übergangsritual

Bestatten kann als Übergangsritual in einer Lebenskrise verstanden werden (siehe oben 2.1). Diese besteht im Verlust eines Menschen. Dieser Verlust wird in einem Ritual der Kirche bearbeitet. Es ist von einer grundlegenden Spannung bestimmt, da es auf die Situation der Trauer ebenso bezogen ist wie auf die Tradition der Kirche. Nicht selten wird diese Spannung zu einem »Konfliktfeld zwischen gesellschaftlichen Bedürfnissen und theologischen Normen« (Spiegel 1971, 212–231). Eine wesentliche Herausforderung besteht darin, Lösungsstrategien für dieses Konfliktfeld zu entwickeln.

Meilenstein

In der Theorie der Kasualien gilt der Aufsatz »Integrale Amtshandlungspraxis« von Matthes (1975) als Meilenstein. Er unternimmt aus soziologischer Sicht eine Deutung der Ergebnisse der 1. Kirchenmitgliedschaftsstudie der EKD (1972). Im Rahmen der gesellschaftlichen Umbruchsituation war die Kirche in eine Krise geraten. Die Kritik an überkommenen Formen, die Zahl der Austritte und die Frage nach der gesellschaftlichen Relevanz waren Anlass, einen Perspektivenwechsel vorzunehmen und sich mit der Sicht der Mitglieder, ihren Motiven, Vorstellungen und Deutungen zu befassen.

Die Auswertung von Matthes lenkt die Aufmerksamkeit auf die klassischen Amtshandlungen. Hier begegne eine eigene Form von Frömmigkeit, die die Kirche bisher nicht ernst genommen habe. Sie müsse dem hier entstandenen »Seelsorgedefizit« (Matthes 1975, 101) konstruktiv begegnen. Seine Überlegungen sind so weitsichtig, dass sie noch heute teilweise auf ihre Umsetzung warten: Denn mit integraler Amtshandlungspraxis meint Matthes

> »eine Strategie, die versucht, die kirchliche Kasualpraxis nicht in die Ortsgemeinde, wie sie im sonntäglichen Gottesdienst ihr Zentrum hat, zu integrieren, sondern sie zu integrieren in die vielschichtigen Lebenszusammenhänge der vom Kasus jeweils Betroffenen, sie also wirklich zu einem seelsorgerlich-helfenden und das religiöse Deutungsangebot zum Einsatz bringenden Medium in der Bewältigung von Lebenskrisen werden zu lassen« (Gräb 1987, 28).

Matthes Aufsatz war der Auftakt der Suche nach einem Konzept einer »stärker lebensweltlich ausgerichteten Form der Praktischen Theologie« (Grethlein 2007, 23). War bis dahin der systematische Ort der Kasualien unklar, werden sie nach und nach in ihrer Integrationsfunktion für die Praktische Theologie als Ganze entdeckt.

In den Fokus treten lebensgeschichtliche Übergänge als eine spezifische Form moderner Religiosität, die – wie im Fall des kirchlichen Bestattens – auf existenzielle Fragen des Umgangs mit Sterben und Tod bezogen sind.

fünf theologische Deutungsmuster

Es lassen sich fünf theologische Deutungsmuster der Kasualpraxis unterscheiden:

1. *Rechtfertigung von Lebensgeschichten*

- Idee: theologische Würdigung individueller Lebensgeschichten. Sinn entsteht nicht aus dem, was Menschen leisten, sondern durch Würde, die ihnen zugeschrieben wird. In den Übergängen des Lebens sind Menschen für eine religiöse Deutung ihres Lebens als »Rechtfertigung aus Gründen, die diese Lebensgeschichten nicht von sich selbst her bereitstellen« (Gräb 1987, 38), offen.
- Musterfall: Kasualpredigt.
- Kritik: tendenziell abstrakt, die »Frage nach dem rituell kommunizierbaren Ausdruck dieser Einsicht« (Grethlein 2008, 126) bleibt offen.
- Bestatten: Impuls besonders für eine Theologie der Bestattungspredigt. Nicht der Mensch, sondern Gott richtet über das Leben.

2. *Eintreten in einen Segensraum*
- Idee: In den Kasualien treten Menschen in einen Segensraum ein. Unabhängig von einem Bekenntnis ist die Zuwendung Gottes konkret erlebbar. In diesem Raum kann das Leben in seiner Ambivalenz zwischen Glück und Scheitern angenommen werden.
- Musterfall: Trauung.
- Kritik: Taufe ist mehr als Segen; bei Bestatten ist Segnung des Leichnams umstritten.
- Bestatten: Valetsegen erst seit dem 19. Jahrhundert; Segnung verstärkt die ohnehin mächtige Präsenz des Toten.

3. *Tauferinnerung*
- Idee: Taufe ist die Grundkasualie, hier verbinden sich vorbildlich Biografie und Theologie; Kasualien »bieten die hervorragende Gelegenheit, den individuellen und kirchlichen Modus des Christseins miteinander zu verbinden« (Grethlein 2008, 125).
- Musterfall: Taufe.
- Kritik: quer zur Wirklichkeit in der Kirche; Tauferinnerung bei Trauung und Bestattung in der Praxis eher marginal.
- Bestatten: Würdigung von Individualität und Gemeinschaft »in Christus«. Gesellschaftskritisch-inklusiv; gegen jede Form »ständischen« Denkens. Sozialdiakonisches Engagement (Ordnungsamtsbestattungen).

4. *Feier des Daseins*
- Idee: In Kasualien wird deutlich, dass das Leben nicht sich selbst verdankt. Sie sind »Refugien« (Fechtner 2017, 75) oder »rituelle Exile« (Friedrichs 2008, 48–56), die den Abstand gewinnen lassen zu den Routinen des Alltags. Leben ist in seiner Individualität zu würdigen, es ist mehr als die Summe der Fakten.
- Musterfall: kein spezifischer Anlass.
- Kritik: eher allgemein, Würdigung des Kreatürlichen.
- Bestatten: Würdigung des Individuellen und der Perspektive der Trauernden; Bestatten bedeutet, einen Trauerprozess zu begleiten.

5. *Hilfe zum Leben*
- Idee: Kasualien werden diakonisch mit Bezug auf die Bedürfnisse der Menschen verstanden, sie sind »wirksame Hilfe der Kirche für die Krisensituationen des familialen Systems« (Spiegel 1971, 230) bzw. »Dienst an Trauernden« (Winkler 1995, 206).

- Musterfall: kein spezifischer Anlass; es geht um die Bedürftigkeit von Menschen und das Evangelium als »beratende Intervention« (Spiegel 1971, 230).
- Kritik: zu einseitig von den Bedürfnissen her denkend. Was ist mit den spezifisch kirchlichen Anliegen? Muss Kirche nicht auch Interesse an ihrem Selbsterhalt haben?
- Bestatten: in der Tradition eines Werks der Barmherzigkeit.

Wandel der Bestattungskultur

Der Wandel der Bestattungskultur stellt das kirchliche Handeln vor neue Herausforderungen. Er lässt sich kommunikationspsychologisch anschaulich beschreiben. Nach Thomann und Schulz von Thun (Thomann/Schulz von Thun 1991, 149–162) kann von einem gesellschaftlichen Wertewandel von einer »Dauer-Distanz-Tendenz« hin zu einer »Nähe-Wechsel-Tendenz« ausgegangen werden.

Sie differenzieren vier kommunikative Grundbestrebungen: Nähe, Distanz, Dauer und Wechsel. Bei der Grundbestrebung *Nähe* sei die Suche nach vertrautem Nahkontakt bestimmend, bei *Distanz* die Abgrenzung von anderen Menschen; bei der Grundbestrebung *Dauer* gehe es um die Sehnsucht nach Ordnung und Verlässlichkeit, bei *Wechsel* sei der Reiz des Neuen und Unbekannten leitend.

Die vier Grundbestrebungen lassen sich zu einem kommunikativen Fadenkreuz mit den Polaritäten *Dauer und Wechsel* sowie *Nähe und Distanz* verdichten. Dabei treten zwei grundlegende Hemisphären hervor: Die obere Hemisphäre der Verlässlichkeit und die untere Hemisphäre des Abenteuers. Mit den kommunikativen Strategien von Nähe und Distanz verbunden, entstehen Quadranten, die den gesellschaftlichen Wertewandel von einer Dauer-Distanz- zu einer Wechsel-Nähe-Kultur anschaulich machen:

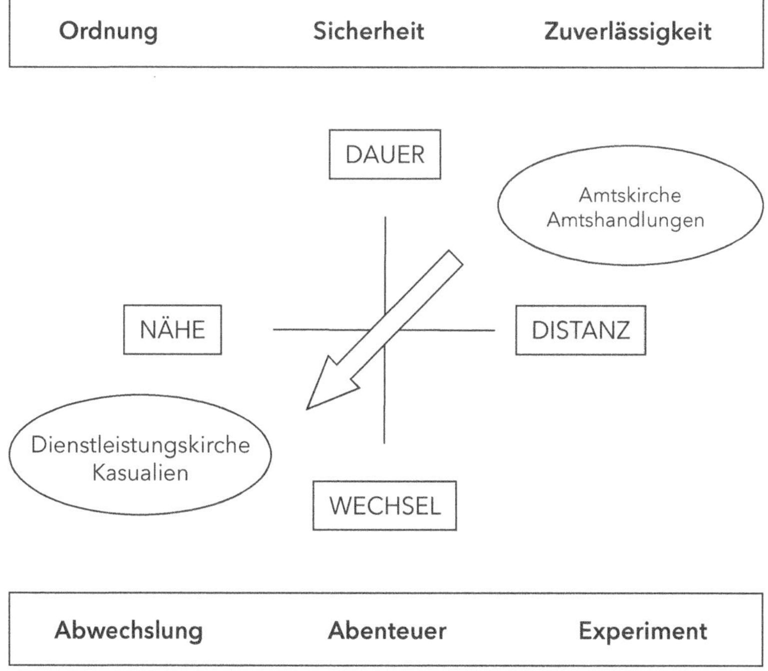

Abb. 1: Muster der Kommunikation und Wertewandel

Dieser Wertewandel hat Einfluss auch auf das kirchliche Handeln. In dem Dauer-Distanz-Modell ist kirchliches Bestatten eine Form der Kommunikation, für die Verlässlichkeit, Sicherheit und Zuverlässigkeit bestimmend sind. Die Schattenseiten sind situative Inflexibilität und institutionelle Trägheit im Interesse des Selbsterhalts. In dem Wechsel-Nähe-Modell ist kirchliches Bestatten eine Form der Kommunikation, die nicht nur für Abwechslung und Veränderung, sondern auch für Experimente beim Bestatten offen ist. Die Schattenseiten hier sind unklare Grenzen und die Gefahr ist, sich vom Zeitgeist bis hin zum Selbstverlust bestimmen zu lassen.

Dauer-Distanz-Modell

Wechsel-Nähe-Modell

Das Kommunikationsmodell lässt Entwicklungen verstehen und hält dazu an, sie nicht vorschnell normativ zu behandeln; es gilt, neben den Sonnenseiten immer auch die Schattenseiten von (idealtypischen) Kommunikationsstrategien im Blick zu behalten. Dabei fordert der gesellschaftliche Trend ohne Zweifel die Nähe zu den Trauernden und die Bereitschaft zur Flexibilität in Zeit, Ort und Form, also das, was Hauschildt und Pohl-Patalong (2013, 171) »Dienstleistungskirche« nennen.

3.2 Intimität und Öffentlichkeit

Pfarrerin A. besucht Frau K., ihre Tochter und ihre Enkelin. Der Mann von Frau K. ist nach längerer Krankheit gestorben. Pfarrerin A. hatte nur flüchtig Kontakt zu Herrn K. Er aber hatte sich gewünscht, von ihr bestattet zu werden. Das Trauergespräch verläuft in drei typischen Phasen: Zu Beginn ein Rückblick auf die Krankheit und das Sterben, in der Mitte lebhafte, teils lustige, teils zu Tränen rührende Erinnerungen, dann Überlegungen zur Gestaltung der Trauerfeier. Als das Gespräch seinem Ende entgegengeht, erzählt Frau K. plötzlich von einem Mäppchen, das sie gefunden habe. Sie habe von diesem Mäppchen keine Kenntnis gehabt, er habe so seine Geheimnisse gehabt. In diesem Mäppchen fand sich eine Sammlung verschiedener Zettel und Notizen – und die 10 Gebote der Gelassenheit von Papst Johannes XXIII. Pfarrerin A. bittet um den Text und liest ihn vor. Erinnerungen werden wach, es wird viel erzählt. Als sich am Ende des Gesprächs Pfarrerin A. verabschieden will, beginnt Frau K. zwischen Tür und Angel eine Geschichte zu erzählen. Sie habe, als ihre Eltern gestorben waren, zwei Rosen gepflanzt und ihnen Namen gegeben. Aber sie wollten einfach nicht blühen. Als es ihr einmal sehr schlecht ging, habe sich das geändert: Plötzlich hätten sie zu blühen begonnen. Das sei berührend gewesen und habe ihr viel Kraft gegeben. Als Pfarrerin A. fragt, ob sie auch für ihren Mann eine Rose pflanzen wolle, sagt Frau K.: »Das weiß ich noch nicht. Aber in keinem Fall eine Rose!«

Bestattungsgespräche

Bestattungsgespräche können je nach Trauersituation und pastoralem Anliegen sehr unterschiedlich verlaufen.

Trauerfeier gemeinsam vorbereiten

Sie können ihr Ziel primär darin haben, die Trauerfeier gemeinsam vorzubereiten. Als Form öffentlicher Kommunikation ist sie ein sensibles Feld, da es um die gesellschaftliche Anerkennung der Verstorbenen geht. Diese hat in Dörfern einen anderen Stellenwert als in Städten. Aber auch in Städten sind Trauerfeiern öffentlich, zu ihnen wird über Todesanzeigen in der Regionalpresse (und Onlineportalen) eingeladen. Die Frage der gesellschaftlichen Anerkennung hat großen Einfluss auf Dynamik, Verlauf und Inhalte des Bestattungsgesprächs. Nicht selten ist die Sorge zu spüren, dass etwas öffentlich werden könnte, was aus Sicht der Trauernden nicht öffentlich werden darf. In Sätzen wie »Machen Sie es bitte kurz, Herr Pfarrer!« kommt diese Sorge zum Ausdruck.

Trauernde seelsorglich begleiten

Bestattungsgespräche können ihr Ziel aber primär auch darin haben, die Trauernden seelsorglich zu begleiten. Wie am Fallbeispiel deutlich wird, kann schon in kurzer Zeit eine Atmosphäre entstehen, in der Trauernde Intimes erzählen, vom Finden eines Mäppchens ebenso wie von der Art und Weise, wie sie mit dem Verlust umgehen. Entscheidend ist die Haltung des Zuhörens und Ernstnehmens der Trauersituation: Wird das Vorbereiten der Trauerfeier als eine Form der Trauerbegleitung verstanden, »hat die Sprache der Trauernden Vorrang« (Roth 2014, 300). Es geht dann darum, das »natürliche Verhalten von Trauernden zu unterstützen« (Roth 2014, 297) und, wie im Fallbeispiel, fortbestehende Kontakte zu dem Verstorbenen als Ressource für die Trauerbewältigung zu würdigen.

Praktisch-theologisch sind Bestattungsgespräche kaum untersucht worden. Einen entsprechenden Artikel in dem knapp 600 Seiten starken Handbuch: »Praktische Theologie der Bestattung« (Klie/Kumlehn/Kunz/Schlag 2015) sucht man vergebens.

Im Zuge der empirischen Wende hat Hans-Joachim Thilo Kasualgespräche sehr differenziert aus psychoanalytischer Sicht wahrgenommen. Seitdem fanden Bestattungsgespräche nur vereinzelt und insbesondere im Zusammenhang einer Theorie der Kasualien Interesse. Versucht man, sich einen Überblick zu verschaffen, ist rasch festzustellen, dass die Überlegungen entweder in Richtung »Öffentlichkeit« (gemeinschaftlich feiern) oder in Richtung »Intimität« (Helfen zum Leben) gehen.

So spricht sich beispielsweise Morgenthaler (1999, 175) am Beispiel des Traugesprächs dafür aus, das Kasualgespräch als Chance einer »familienbezogenen Seelsorge« zu sehen. Es gehe um ein grundlegendes Kennenlernen in systemischer Sicht, um eine Klärung von Wertvorstellungen, das Erarbeiten der Liturgie bis hin zu einer seelsorglich »wirksamen ›Intervention‹« (Morgenthaler 1999, 188).

Demgegenüber ist Winkler (1995, 205) der Auffassung, das seelsorgliche Ziel dürfe »nicht zu hoch gesteckt« werden. Vielmehr gelte es, mit Blick auf den bevorstehenden Trauergottesdienst die Situation zu erkunden, »also ein Bild von der verstorbenen Person und ihren Beziehungen zu den Angehörigen sowie von deren Einstellung und Befinden zu erhalten« (Winkler 1995, 205).

Praktisch-theologisch gesehen ist das Bestattungsgespräch zwischen den Polen »Öffentlichkeit« (der Trauerfeier) und »Intimität« (des Gesprächs davor) aufgespannt. Es ist ratsam, sich nicht für das eine und gegen das andere, sondern für das Aushalten der Spannung zu entscheiden, auch wenn der »Konflikt zwischen Öffentlichkeit und Intimität« für Pfarrer*innen nur »schwer überbrückbar« (Spiegel 1971, 229) ist.

Auswertung von vier zeitgenössischen Bestattungsgesprächen

Durch die langandauernde Konzentration der Praktischen Theologie auf Fragen der Liturgik ist zu vermuten, dass auch in der kirchlichen Praxis der Aspekt der Öffentlichkeit, also das Vorbereiten der Trauerfeier, derzeit im Fokus steht. In einer gesprächsanalytischen Auswertung von vier zeitgenössischen Bestattungsgesprächen kommt Bühler (2020) zu folgenden Einsichten:

- Die Bestattungsgespräche haben drei Kernsequenzen: Zu Beginn die Sterbeerzählung der Trauernden, in der Mitte das Erzählen der Lebensgeschichte der Verstorbenen und am Schluss das Besprechen des Bestattungsgottesdienstes.
- Die Bestattungsgespräche weisen eine klare Interaktionsordnung auf. Pfarrer*innen agieren in einer regieführenden Rolle: Sie stimulieren, regulieren und verteilen andere Rollen – und die Hinterbliebenen »spielen mit« (siehe 254 f., 303).
- In der dritten Phase, der Vorbereitung des Bestattungsgottesdienstes, orientieren sich Pfarrer*innen ausdrücklich an der Bestattungsagende. Die Macht der Agende sei so stark, dass sie auch als verborgene Struktur das Gespräch bestimme. (siehe 296–298)
- Die Flexibilität in Fragen der Gestaltung des Bestattungsgottesdienstes sei agendarisch begrenzt und lasse sich nach einer Schubladenlogik beschreiben: Es lassen sich »bestimmte Fächer (rituelle Elemente wie Lieder, Texte usw.) herausziehen und unterschiedlich füllen oder schlicht gänzlich geschlossen halten. In seltenen Fällen werden einzelne Schubladen getauscht« (301).
- Impulse und Optionen gelten im Rahmen dessen, dass der agendarische Ablauf selbst als konstitutiv-geltend vorausgesetzt wird (siehe 301 f.). Anfragen an die liturgischen Verbindlichkeiten seitens der Trauernden seien selten.
- Die Agende hat eine eigene Macht: Sie strukturiert das Gespräch und wirkt für Pfarrer*innen entlastend; sie sind Medien der Agency von Agenden, indem sie diese »habituell verinnerlicht ab- und aufrufen« (299).

Ergebnis der Studie

Ein zentrales Ergebnis der Studie ist, dass das Bestattungsgespräch von einer grundlegenden Spannung bestimmt sei, die sich auch sprachlich manifestiere: zu Beginn ein eher passiv-aufmerksames Hören auf die Sterbeerzählung und die Erinnerungen an die Lebensgeschichte, zum Schluss ein eher aktiv-lenkendes Vorbereiten des Bestattungsgottesdienstes. Diese Spannung sei stets in der Gefahr, zu kippen, sei es, dass die planerisch-vorbereitende Funktion Erinnerung verzweckt und überformt, sei es, dass den Hinterbliebenen »der Raum zur Reflexion dessen, was man tun will und gestalten kann, zu schnell geschlossen wird« (Bühler 2020, 302; siehe dazu Friedrichs 2020, 335–351).

Die Einsichten der Studie haben explorativen, nicht repräsentativen Status. Zwar kommen durchaus verschiedene Situationen in den Blick, aber sie markieren nur einen kleinen Ausschnitt einer Bestattungspraxis, in der sich auch die Trauergespräche in Form und Inhalt pluralisiert haben. Dennoch machen die Ergebnisse hellhörig.

Grundstruktur mit drei Kernsequenzen

Auch wenn die Datenbasis gering ist, hat die Grundstruktur mit drei Kernsequenzen hohe Plausibilität. Sie ist in diesem Sinn mehrfach beschrieben worden, etwa von Schibilsky oder, um den Aspekt des Erstkontakts und der Klärung der formalen Fragen ergänzt, von Albrecht (2006, 254f). Als neuer Aspekt tritt die je eigene Dynamik dieser Phasen hervor.

Formen einer institutionellen Kommunikation

Aus Sicht der Studie erscheinen Trauergespräche als Formen einer institutionellen Kommunikation mit der Gefahr, in interaktionale Asymmetrien zu verfallen. Begeben sich Pfarrer*innen oder Prädikant*innen in das Feld des Machbaren, geben sie die Spannung zwischen Intimität und Öffentlichkeit auf. Ohne Zweifel müssen sie sich mit der Frage des Machens befassen, sind sie doch verantwortlich für das Gestalten des Trauergottesdienstes. Hier gilt es, zu klaren, Sicherheit und Orientierung gebenden Absprachen zu kommen. Dennoch macht es nachdenklich, insbesondere die dritte Kernsequenz von der Macht der Agenden besetzt zu sehen: Sind nicht Liturgie und das Gespräch über sie ein Ort, an dem es auch um einen gemeinsamen Austausch geht?

Hier stellt sich zunächst die Herausforderung, Phasen zwar zu trennen, sie aber »verschränkt« (Albrecht 2006, 255) zu denken. Eine weitere Herausforderung besteht darin, die Vorbereitung der Trauerfeier auch aus der Sicht der Trauerarbeit zu sehen. Da Sterben und Tod das Gefühl der Ohnmacht auslösen, ist es wichtig, dass Trauernde selbst entscheiden und gestalten können: »Dieser Prozess trägt zu einer ersten Heilung bei, wenn jemand sagen kann: ›Während des Sterbeprozesses konnte ich wenig machen, jetzt gestalte und entscheide ich wieder‹« (Roth 2014, 298).

> Bestattungsgespräche sollten nicht zu eng auf die Vorbereitung der Trauerfeier fokussiert gesehen werden, sondern als Station oder Auftakt der weiteren Begleitung des Trauerprozesses. Hier können Seelsorger*innen eine sich aus dem Evangelium speisende wichtige Aufgabe für die Gesellschaft übernehmen.

Ich teile die Einschätzung Winklers, eines der Hauptprobleme der kirchlichen Bestattung darin zu sehen, »dass der Dienst an Trauernden oft mit der Trauerfeier beendet wird und keine nachgehende Seelsorge stattfindet« (Winkler 1995, 206). Wie tröstlich für Trauernde, wie berührend und stärkend eine solche nachgehende Seelsorge auch für Pfarrer*innen oder Prädikant*innen sein kann, wird an der Fortsetzung des Eingangsbeispiels deutlich:

nachgehende Seelsorge

> Etwa sechs Wochen nach der Trauerfeier besucht Pfarrerin A. Frau K. Sie fragt, ob sie etwas für ihren Mann gepflanzt habe. Sie gehen gemeinsam in den Garten. Frau K. zeigt Pfarrerin A. die zwei Rosen, zu denen sie täglich gehe, und nun auch zu einem Baum. Sie habe sich entschieden, etwas für ihren Mann zu pflanzen: eine Sauerkirsche.
>
> Zwei Tage später schickt Pfarrerin A. Frau K. eine Mail: Es habe sie sehr gefreut, »Herrn K.« zu sehen, so der Name des Kirschbaums. Und ihr sei ein Text durch den Kopf gegangen, von dem sie glaube, dass er Frau K. etwas zu sagen habe: »Ich kann mir vorstellen, dass du dich fühlst wie ein Haus ohne Hüter, ohne Tür, ohne Riegel, ohne Dach. Dass du dich fürchtest vor Tagen, an denen ein Wetter kommt und niemand ist, der sich zu dir stellt. Aber darin gerade liegt zu einem Teil der Sinn des Trauerns: Dass du mit ihm sprichst wie früher« (Zink 1985, 27).
>
> Einen Tag später erhält Pfarrerin A. eine Mail von Frau K. Sie wolle sich für den Besuch und den Text bedanken. Sie gehe jeden Tag zu »Herrn K.«, heute aber habe sie sich einen Stuhl genommen, sich zu ihm gesetzt und ihm diesen Text vorgelesen. Dann habe sie mit ihm gesprochen. Es sei das erste Mal nach seinem Tod gewesen, dass sie habe weinen können.

3.3 Abschiedsritual und Gemeindegottesdienst

> »Die vielfältigen abschiedlichen Kontakte mit dem Verstorbenen, auch wenn er selbst nicht wirklich angesprochen werden kann, (können) ihre Klärung und Intensivierung erfahren durch den Umgang mit dem Symbol seiner Gegenwart, dem Leichnam oder dem Sarg: Es ist die deutliche körperliche Zuwendung des Pfarrers oder der Pfarrerin, Geste, Blick und Stimme; seine Berührung, seine Bezeichnung mit dem Kreuz; die Handauflegung bei der Aussegnung« (Bestattung EKKW 2006, 13).

Arbeit an neueren Bestattungsagenden

Die praktisch-theologischen Versuche, Bestatten als ein modernes Übergangsritual zu verstehen (siehe oben 2.1), hat die Arbeit an neueren Bestattungsagenden der Landeskirchen erkennbar beeinflusst. Die Bestattungsagende der Evangelischen Kirche in Baden ist ein Gottesdienst als Abschiedsritual, bei dem bewusst die Verbindung zum Gemeindegottesdienst gesucht wird (Bestattung EKiB 2002, 14).

Auch die Bestattungsagende der Evangelischen Kirche von Kurhessen-Waldeck (Bestattung EKKW 2006) hebt hervor, sich konzeptionell zwischen Schwellenritual und Gottesdienst zu bewegen. Aus Gründen der Seelsorge folge die Grundstruktur des Bestattungsgottesdienstes den drei Phasen eines Übergangsrituals. Die Bestattung soll einen körperlich erlebbaren Umgang mit den Toten und der Trauer möglich machen. Es gehe um eine »Wertschätzung des Toten« (Bestattung EKKW 2006, 13).

Die neue Bestattungsagende der Pfalz orientiert sich ausdrücklich an den drei Elementen, die Fechtner für ein spezifisch christliches Verständnis des Abschiedsrituals benennt: Übergang, Weggeleit und Übergabe (siehe dazu Fechtner 2017, 59).

Differenzierung der verschiedenen Situationen

Neuere Bestattungsagenden öffnen sich dem Wandel der Bestattungskultur zunächst durch eine Differenzierung der verschiedenen Situationen. So unterscheidet beispielsweise die badische Bestattungsagende folgende Situationen: Gottesdienste zum Begräbnis in ausführlicher und einfacher Form, Gottesdienste im Zusammenhang der Kremation, Gottesdienste für besondere Fälle (Bestattung von Kindern, Bestattung von totgeborenen und frühverstorbenen Kindern, Gedenk- und Trostandacht nach einer Fehlgeburt, Bestattung ohne Trauergemeinde, Bestattung im anonymen Urnengrab und Gedenk- und Trostgottesdienste) und Aussegnung.

Neuere Bestattungsagenden öffnen sich zudem dem umstrittenen Thema »Handeln am Toten«. Wie sich an der Aufnahme des Valetsegens oder der Bestattungsformel zeigt, waren die Agenden noch »nie so konsequent [...] wie die grundsätzliche theologische Sicht« (Meyer-Blanck 2002, 69). Nun werden bewusst Elemente der Totenfürsorge aufgenommen (siehe unten 4.3): neben Anvertrauen (Kommendatio), Abschiedssegen und Fürbitten für die Toten auch körperliche Zuwendung und Handauflegung; die Bestattungsagende der Pfalz nennt den Kernritus des Bestattens inzwischen Einsegnung (Anvertrauen, Abschiedssegen und Auferstehungsbekenntnis).

Elemente der Totenfürsorge

»Abschied in Frieden«

Das Element »Abschied in Frieden« soll den inneren Abschiedsweg der Trauernden befördern, indem sie vor den Fürbitten die Möglichkeit haben, ihre je eigene Beziehung zum Verstorbenen zu klären. Der »Abschied in Frieden« ist kein Gebet. Er richtet sich nicht an Gott, sondern an die einzelnen Trauernden und hat bewusst appellativen Charakter (Bestattung Pfalz 2019, 42):

> »Wir nehmen Abschied von N.N.
> Und erinnern uns daran, was uns mit ihm (ihr) verbindet.
> Wer ihn (sie) geliebt und geachtet hat,
> trage diese Liebe und Achtung weiter.
> Wer von ihm (ihr) geliebt wurde,
> danke ihm (ihr) alle Liebe.
> Wer ihm (ihr) etwas schuldig geblieben ist
> an Worten und Taten,
> bitte Gott um Vergebung.
> Wer sich von ihm (ihr) verletzt fühlt,
> bitte Gott um Kraft zum Verzeihen.
> Wer von ihm (ihr) Gutes erfahren hat,
> erinnere sich an ihn (sie) in Dankbarkeit.
> Lasst uns Abschied nehmen mit Dank und in Frieden.«

gegenläufige Impulse

Versuchen neuere Bestattungsagenden, sich dem gesellschaftlichen Wandel zu öffnen, sind sie zugleich daran interessiert, gegenläufige Impulse zu setzen. Das kommt darin zum Ausdruck, dass sie versuchen, das kirchliche Bestatten integrativ als einen längerfristigen Prozess der Trauerbegleitung aufzufassen (siehe oben 2.6).

Kommendatio

Ein letzter Aspekt: Mit der Bestattungsagende der UEK (Union Evangelischer Kirchen) ist im Jahr 2004 das neue Element der Kommendatio (»Anbefehlung«, siehe dazu Ps 31,6: *In manus tuas commendo spiritum meum*) eingeführt worden (siehe Bestattung UEK 2004, 104–119). Die Anbefehlung ist insbesondere für Trauerfeiern gedacht, bei denen die Urnenbeisetzung später erfolgt (oder gar nicht stattfinden kann). Sie versucht, das Moment der Untreue (Fechtner 2011, 70f.) liturgisch aufzufangen:

Moment der Untreue

»Wir nehmen Abschied von einem Menschen, der uns lieb ist.
Aus Gottes Hand hat N.N das Leben empfangen.
In Gottes Hand geben wir ihn (sie) zurück.
Wir vertrauen ihn (sie) der Barmherzigkeit Gottes an.
Die Barmherzigkeit Gottes wird ihn (sie) verwandeln
vom Tod zum Leben.
(Bestattung Pfalz 2019, 92)

Wie immer solche kleinen Abschiedsrituale in der Trauerfeier formuliert sind, sie sind aus trauerpsychologischer Sicht sehr sinnvoll. Denn sich von Toten abzuwenden und sie zurückzulassen, ist besonders schwer und bedarf ritueller Sensibilität und Unterstützung (siehe Lammer 2010, 114).

Zusammenfassend lässt sich sagen: Neuere Bestattungsagenden können als Versuch gelesen werden, sich dem Trauerprozess zu öffnen, den Gottesdienst der Gemeinde bewusst als christliches Abschiedsritual aufzufassen, die Mitwirkung der Trauernden in der Liturgie zu motivieren und ihre Anliegen und Bedürfnisse aufzunehmen.

3.4 Lobrede und Auferstehungspredigt

»Die mit 86 Jahren gestorbene Corinna F. hat sehr lange allein in der Wohnung gelebt, die sie zuvor mit ihrem Ehemann zusammen bewohnt hatte. Sie hatte keine Kinder, es gab keine nahen Angehörigen mehr. Die einzige Nichte hat zuverlässig Verbindung zu ihr gehalten; der Sterbenden war sie unentbehrlich. Zu ihren Lebzeiten war Corinna F. Mitglied der Kirchengemeinde an ihrem Wohnort, ist dort aber kaum je in Erscheinung getreten. Das hat die Nichte gewusst, mich aber gleichwohl um diese kirchliche Trauerfeier gebeten mit der Begründung: ›Sie hat ihre Mitgliedschaft nicht wahrgenommen, aber sie ist nie ausgetreten; und das ist ja eine deutliche Entscheidung.‹ Im Nachhinein hat sich (bei der Durchsicht des Nachlasses) herausgestellt, wie intensiv und wie persönlich Corinna F. sich mit religiösen Themen beschäftigt hatte: eine Überraschung. Unter denen, die an der Trauerfeier teilnahmen, waren sehr wenige, die gottesdienstlich ›erfahren‹ sind.« (Eulenberger, in: Friedrichs 2013, 79)

Die Bestattungspredigt fand in den letzten zwanzig Jahren praktisch-theologisch eher geringes Interesse. Der Diskurs war auf liturgische Fragen und den Wandel der Bestattungskultur konzentriert. Für die Praxis kann davon ausgegangen werden, dass »die Bestattungsrede vieles darf, nur nicht belehren« (Lütze 2015, 473). Als weitere gemeinsame Anliegen können gelten, dass die Trauerrede die Lebensgeschichte der Verstorbenen würdigen, von der biblischen Hoffnung auf Auferstehung sprechen, den Trauerprozess mit seinem Ambivalenzkonflikt unterstützen und nicht zuletzt Impulse für den Umgang mit der eigenen Endlichkeit geben soll.

Wie aber können diese Aufgaben konkret umgesetzt werden? In eher »normalen« Fällen mag es nicht allzu schwer sein, die Aufgaben zusammenzudenken und eine tröstliche Rede zu halten. Was aber ist, wenn es sich um schwierige Fälle handelt? Wenn mindestens zu ahnen ist, dass die Lebensgeschichte tragisch verlaufen ist? Wenn nicht nur die Verstorbenen, sondern auch die, die sich zur Trauerfeier versammeln, kaum Kontakt zur Kirche haben?

schwierige Fälle

Geschichte der Bestattungspredigt

Die Geschichte der Bestattungspredigt lässt eine grundlegende Spannung zwischen Lobrede auf die Toten und Predigt über Tod und Auferstehung erkennen. Diese Spannung wird historisch gesehen jeweils in die eine oder andere Richtung aufgelöst.

Hat die Leichenrede zur Zeit der Alten Kirche das Erbe der antiken Lobrede angetreten, rückt sie im Mittelalter in den Hintergrund. Die Reformation weist das beängstigende Bild vom Fegefeuer zurück und lehnt die Totenmesse ab. Die Predigt tritt an ihre Stelle, ohne das Bedürfnis, für die Toten etwas tun zu können, stillen zu können. Die literarische Gattung der »Leichenpredigt« entsteht und entfaltet Lebensgeschichte differenziert innerhalb eines Stufensystems der kirchlichen Bestattung. Niebergall (1905, 166) prangert die »breitmäulige Rhetorik« an, auch wenn er sich für die Sicht der Leute stark macht. Hier zeigt sich, wie stark die theologischen Vorbehalte gegen die epideiktische Tradition der Rhetorik sind. Sie werden von der Dialektischen Theologie programmatisch in das Diktum gefasst, die Kanzel sei das Grab menschlicher Rede. Erst als Folge der gesellschaftlichen Umbrüche der 1968er-Zeit nehmen Theologie und Kirche davon Abstand und erkunden die Bestattungspredigt empirisch, sozialwissenschaftlich und rhetorisch.

Bestattungspredigt biografisch

Bis in die Gegenwart ist eine gewisse Skepsis geblieben. Dennoch tritt heute besonders deutlich die Anforderung hervor, die Bestattungspredigt biografisch auszurichten. Das entspricht nicht nur einer zentralen Erwartung der Trauernden. Es entspricht auch soziologischen Einsichten in Muster gegenwärtiger Kommunikation über den Tod. Drei solcher Muster lassen sich unterscheiden (Altmeyer 2011, 78 f.):

- Die »Unsterblichen« meiden eine tiefere Auseinandersetzung mit dem Tod und zeigen sich ganz und gar fixiert auf den alltäglichen Handlungsdruck;
- die »Todesexperten« verfügen über Sinnmuster des Todes und können definieren, was der Tod sei, ein natürliches Ereignis oder ein Leben bei Gott;
- die »Todesforscher« stellen ein verlässliches Wissen über den Tod infrage und lassen offen, was letztlich Sicherheit gibt.

Ein Blick in tatsächlich gehaltene Trauerpredigten lässt erkennen, dass diese vielfach aus der Perspektive der Todesexpert*innen gehalten werden (siehe Altmeyer 2011, 87).

> Da von unterschiedlichen Situationen und Erwartungen der Trauernden auszugehen ist, ist es ratsam, die Trauerpredigt in einem Spannungsfeld zwischen Lobrede auf die Toten und Auferstehungspredigt zu verorten. Wird der Fokus auf das Verhältnis von Religion und Biografie gerichtet, lassen sich zwei idealtypische Grundmodelle unterscheiden: das eher biografiekritische *Distanzmodell* der Verkündigung und das eher biografieoffene *Nähemodell* der religiösen Rede.

Zu bedenken ist, dass diese Modelle idealtypisch zu verstehen sind, also nie in Reinform auftreten und nach weiteren Kriterien differenziert werden können (siehe Weyel 2015, 121–139). Auch ist zu berücksichtigen, dass jedes Modell davon ausgeht, dass die Bestattungspredigt in eine sensible Situation spricht. Wie diese theologisch berücksichtigt werden soll, wird jedoch unterschiedlich gesehen.

Distanz-Modell

Modell der Verkündigung (Distanz)

> Dieses Modell geht davon aus, dass die Situation der Trauer eine Rede fordert, in der die biblische Botschaft ohne Abstriche zu verkündigen ist: Sie habe solche Trostkraft in sich, dass sie Menschen trösten und ihnen eine Zukunft eröffnen könne.

Der Form nach ist dieses Modell eher der Tradition der Lehrpredigt verpflichtet. Es spricht nicht »mit«, sondern »zu« den Menschen, es mutet ihnen Distanz zu und zeigt sich bewusst zurückhaltend gegenüber religiösen Deutungsprozessen. Es sei nicht möglich, »am Grabe über den Sinn des Lebens dieses verstorbenen Menschen zu meditieren« (Grözinger 1992, 123).

Positiv ist zu sehen, dass hier versucht wird, mit Blick auf die Situation das Biblische in seiner tröstenden Kraft zu entdecken und zu entfalten. Distanz ist etwas, was für Trauerprozesse in der Öffentlichkeit angemessen erscheint. Es kann Trauernde anregen, ihren eigenen inneren Weg zu gehen. Zudem ist an Situationen zu denken, in denen kaum persönliche Informationen und Angaben vorliegen; dann können Prediger*innen gar nicht anders, als allgemein auf den Anlass Bezug zu nehmen.

Kritisch ist zu sehen, dass die hohen Zugangsschwellen zur biblischen und kirchlichen Tradition in Kauf genommen werden, mehr noch: Es soll sogar die Fremdheit der Tradition sein, die es möglich mache, »dass Menschen aufs Neue mit sich vertraut« (Grözinger 2004, 24) würden. Damit kommt die Grenze des Modells in den Blick: Fremdheit dieser Art kann nur dann religiös produktiv werden, wenn es eine Art Grundvertrauen und Grundkenntnis der christlichen Überlieferung gibt. Ist sie nicht vorhanden, wirkt Fremdheit als Blockade religiöser Kommunikationsprozesse.

Als Beispiel ist das Modell von Schibilsky zu nennen. Er vertritt eine »lebensgeschichtlich orientierte Verkündigung« (Schibilsky 1989, 237). Trotz der pastoralpsychologischen Öffnung für Lebensgeschichtliches steht die Verkündigung im Rahmen einer »biblisch orientierten Trauerarbeit« (Schibilsky 1989, 238) im Vordergrund. Es müsse ihr immer auch um Konfrontation gehen, da die Bestattungspredigt keine »Gefälligkeitsverkündigung« (Schibilsky 1989, 243) sei.

Modell der religiösen Rede (Nähe)

Nähe-Modell

> In diesem Modell wird die Predigt dezidiert als Kasualpredigt und damit als »Rede« verstanden, die christlich-religiöse Lebensdeutung in einer biografischen Krisensituation leistet.

Das Modell setzt voraus, dass biblische und theologische Inhalte Menschen heute nicht einfach zugänglich sind. Sie müssen erst so erschlossen werden, dass sie in die gegenwärtigen Selbstdeutungen Eingang finden können. Es gilt nicht, Menschen mit biblischer Fremdheit zu konfrontieren, sondern ihnen das, was biblische Botschaft ist, so nahezubringen, dass es ihnen hilft, ihre Krise zu bestehen.

Positiv an diesem Modell ist, dass es sich der Herausforderung stellt, wie Trost aus christlicher Perspektive unter den Bedingungen einer pluralen Gesellschaft überhaupt wirksam werden kann. Es fordert theologische Übersetzungsarbeit.

Das Modell hat eine deutliche Nähe zur rhetorischen Tradition der Festrede. Das Modell signalisiert Offenheit gegenüber den Bedürfnissen der Trauernden und setzt voraus, sich intensiv mit der Situation zu befassen. Es sucht die Nähe zu den Trauernden und ihren Gefühlen.

Kritisch ist zu sehen, dass dieses Modell in der Gefahr steht, den Menschen zu nah zu kommen. Wer Nähe sucht und sie lebensgeschichtlich konkretisiert, riskiert viel stärker als das Distanzmodell idealisierende Deutungen oder problematische Bewertungen. Kritisch ist auch zu sehen, dass sich das Modell so verschiedenen Texten öffnen kann, dass die Rede an biblischem Profil verliert.

Das Modell wird unter anderem von Gräb vertreten. Er setzt nicht bei der Tradition an, sondern bei den Hörer*innen, ihrer Sprachfähigkeit und religiösen Sinnsuche. In Abgrenzung zu einem kerygmatischen Verständnis einer vorgegebenen Botschaft sei die Bestattungspredigt »religiöse Rede«: Es gehe nicht darum,

> »biblische oder kirchliche Dogmatik […] zu predigen, sondern die lebensgeschichtlichen Erfahrungen aufzunehmen, die Gestimmtheiten der Freude, der Dankbarkeit, der Sorge, der Angst, der Verzweiflung und der Klage und in der christlich-religiösen Sinnperspektive eines Lebens mit Gott zu deuten.« (Gräb 2002, 60)

Es versteht sich fast von selbst, dass ein solcher Ansatz dafür plädiert, »gezielt und programmatisch Akte biographischer Sinnvergewisserung« (Gräb 2002, 67) zu initiieren.

Tab. 4: Grundmodelle der Bestattungspredigt (idealtypisch)

Aspekte	Verkündigung	Religiöse Rede
Rhetorisch	*Genos dikanikon* Lehrpredigt Rede zu den Menschen	*Genos epideiktikon* Trauerrede Rede mit den Menschen
Trauernde	Distanz zu Trauernden	Nähe zu Trauernden »Einstimmung« in die Situation
Biblische Tradition	Ausgangspunkt: wird vorausgesetzt »Einspruch« der Tradition	Bezugspunkt: wird erschlossen
Biografie	Kein Thema der Predigt »biografiekritisch« Skepsis aus theologischer Sicht (kein Urteil fällen)	Ausgangspunkt der Rede »biografiebetont« Würdigung aus religiöser Sicht (Religion im Leben entdecken)
Sprache Eschatologie (Weyel 2015)	»dogmatisch« Gericht und Auferstehung	»poetisch-kreativ« Suche nach Hoffnungsbildern
Selbstbild	Entschlossene*r Zeug*in	Mitfühlende*r Begleiter*in
Grundangst	Angst vor Abhängigkeit	Angst vor Endgültigem
Chancen	Verlässlichkeit Schutz vor zu viel Emotionalität	Offen für neue Formen Lebensnähe
Gefahren	Lebensferne	Idealisierungen und Überhöhungen

Spannungsfeld

Die idealtypischen Grundmodelle beschreiben ein Spannungsfeld, innerhalb dessen es gilt, angemessene homiletische Handlungsstrategien zu entwickeln. Es gibt Situationen, in denen es angemessen sein kann, im Modus der Distanz zu predigen. Es lassen sich aber ebenso Situationen denken, die den Modus der Nähe fordern.

Gattung der Lobrede

Der gesellschaftliche Wandel, der zu einer Nähe-Wechsel-Kommunikation (siehe oben 3.1) und damit zur Würdigung lebensgeschichtlicher Individualität tendiert, lässt noch einmal genauer nach einer theologischen Einschätzung der epideiktischen Gattung der Lobrede fragen.

Hilfreich sind hier Einsichten des neueren rhetorischen Diskurses, unter anderem:

- Eine Lobrede lebt vom »Primat des Affektiven« (Paris 1999, 274): Sie zielt nicht auf Verstand und Diskurs, sondern auf Gefühl und Gemeinschaft.
- Eine Lobrede muss sich »im Erwartungshorizont der Zuhörer« (Paris 1999, 275) bewegen, der von einer gesteigerten Präsenz des Dritten, also der Person, die gelobt wird, bestimmt ist.
- Die Lobrede erfordert sprachlich »unklare Klarheit«, ein virtuoses »Changieren zwischen Prägnanz und Diffusion« (Paris 1999, 274).
- Die Gefahren der Lobrede bestehen entweder darin, Personen einseitig in den Himmel zu loben, oder darin, dass Lobredner nicht den anderen, sondern sich selbst loben, im Rausch schöner Worte ihrer Eitelkeit verfallen.

Einstimmung und Einspruch

Diese rhetorischen Einsichten legen es nahe, die biografische Bestattungspredigt als eine religiöse Lobrede aufzufassen, die theologisch zu transformieren ist: als spannungsreiche Rede zwischen »Einstimmung und Einspruch« (Friedrichs 2012, 407–423).

Was das konkret bedeutet, lässt sich am Eingangsfallbeispiel erkennen. Eulenberger spricht hier nicht als »Experte«, sondern in forschender Haltung. Er stellt Fragen und beginnt seine Predigt mit einem Blick durch den Gang der Wohnung der Verstorbenen:

> »Nach ihrem Tod: ein bedächtiger Gang durch die Wohnung, in der Corinna F. viele Jahre gelebt hat. Auf einem Schrank im Flur drei Schiffsmodelle, eines unvollendet: Ihr Vater hat aufgehört, daran zu arbeiten, als seine Frau gestorben war. (›Wozu noch weitermachen, wenn du mir nicht mehr sagst, wie schön es mir gelingt?‹) Über dem kleinen Schreibtisch im Wohnzimmer ein Foto dieses Vaters an seinem 80. Geburtstag. Links neben ihm sie, Corinna, rechts Ihr beide, Carla und Kai, Fotos von ihrer Mutter, von Clemens, ihrem Mann, von Ruth, der Schwester, die so viele Jahre vor der Älteren gestorben ist, von der Nichte, als Mädchen, als junge Frau.
>
> *Der Mensch ist hier nicht zu Hause*, hat Matthias Claudius gesagt, und wenn man wissen will, was das bedeutet, muss man nur eine solche Bildergalerie ansehen. Alle dort Abgelichteten sind nicht mehr am Leben, bis auf zwei. Wie lange hängt an einer Wand des Schlafzimmers schon der Hampelmann, leuchtend und funkelnd in den der Metall-

folie aufgeprägten violett-grünen Rhomben, den Du der Tante gemacht hast, als Du ungefähr zwölf warst? Seine Mechanik tut es immer noch. Mit bemerkenswerter Grazie hebt er sein angewinkeltes linkes Bein, wenn man an der Schnur zieht. Im Flur davor: der Fotokalender mit Bildern vom Ballett. Eine Gestalt am Boden, eine andere hält sich auf dem Scheitelpunkt eines ungeheuer großen Sprungs. Sehnsuchtsbilder. Corinna F. hatte nichts Leichtfüßiges. Aber so wäre sie gern gewesen.

In der Küche ein Kalenderblatt, auf die Kacheln fixiert: *Je m'avance masqué.* Ich nähere mich maskiert. Du wirst nicht gleich sehen, wer ich bin. Vielleicht wirst du es nie herausfinden. Womöglich weiß aber auch ich selbst nicht, wer ich bin. Immer, wenn ich mir nah gekommen bin, sieht mich alsbald ein anderes Bild an, eines, dass das andere aufhebt. Ich bin sicher, euch alle sehr zu lieben – aber plötzlich meine ich in euren Gesichtern zu lesen, dass ihr es schwer habt mit mir. Wie kann das sein? Was geht auf dem kurzen Weg von mir zu euch verloren, was verändert sich in sein Gegenteil, und warum?« (Eulenberger, in: Friedrichs 2013, 79 f.)

»Von den Toten nichts als in Güte Gesagtes«

Als eine zentrale Anforderung an die kirchliche Trauerrede im Umgang mit »schwierigen« Biografien sieht Lütze (2015, 478) die Haltung eines gütigen Realismus: Diese transformiere den antiken Satz »Von den Toten nichts als Gutes sagen« in den Satz: »Von den Toten nichts als in Güte Gesagtes«.

Genau mit dieser Haltung gelingt es Eulenberger, das Tragische der Biografie ehrlich zu benennen, ohne die Trauernden zu beschämen oder zu verletzen. Mit dieser Haltung kann er auch zum Schluss von einem Bild erzählen, das die Auferstehung nicht verkündet, sondern mit Blick auf die besondere Lebensgeschichte zu erkunden versucht:

»Vor ein paar Tagen habe ich das Bild eines über böse Jahre hinweg gequälten und geschändeten Mannes gesehen. Mit starken Farben und Formen hat er symbolisch angedeutet, welcher Pein er ausgesetzt war. Das große Bild ist auf einen Goldgrund gemalt, wie ein Altargemälde. Es ist kaum zu glauben. Das Bild ist schön, indem es Furchtbares ausdrückt. Manchmal können Menschen eine gewisse Unabhängigkeit von dem erwerben, was ihnen zugesetzt hat. Sie verkörpern dann nicht mehr die Summe ihres Unglücks, sie sind etwas Neues, Drittes geworden. Wer weiß, durch welche Tür sie gegangen sind, damit es so werden kann. Es wird wohl mit der Erfahrung jener Liebe zu tun haben, von der es heißt: *Sie hört niemals auf.* Alles andere erweise sich als *Stückwerk* und gehe zu Ende, sie aber bleibe, behauptet Paulus. Und sie, so verstehe ich ihn, ›kann‹ mehr, als wir zuwege bringen. Im Horizont dieser unergründlichen Liebe weitet sich der Blick zur Erkenntnis: ›*Wir sehen jetzt durch einen Spiegel ein dunkles Bild; dann aber von Angesicht zu Angesicht. Jetzt erkenne ich stückweise; dann aber werde ich erkennen, wie ich erkannt bin*‹ (1 Kor 13,12).« (Eulenberger, in: Friedrichs 2013, 82 f.)

3.5 Popmusik und Choral

Anruf einer trauernden Witwe. Ihr Mann sei verstorben. Nun gehe es um die Trauerfeier. Sie sei katholisch. Aber ihr Mann sei evangelisch gewesen. Sie wolle gleich sagen: Er habe Gustav Mahler geliebt. Bei der Trauerfeier solle nur seine Musik erklingen. Sie hätten mit dem Bestatter schon alles geregelt. Keine Orgel – in keinem Fall. Und kein Choral: »Ich möchte nicht, dass gesungen wird! Das ist doch kein Problem für Sie, oder?«

Im Bereich der Musik ist der Wandel der Trauerkultur besonders deutlich zu spüren. Innerhalb von kurzen Zeitabständen ändern sich nicht nur das Repertoire an Musik und Liedern, sondern auch die Praxisformen: Galt beispielsweise das Einspielen von Musik über Tonträger noch vor nicht allzu langer Zeit als unüblich und ästhetisch unangemessen, ist diese Praxis heute zur Normalität in kirchlichen Trauerfeiern geworden.

In einem gewissen Sinn mag sich damit auch der Konflikt um die Musik entspannt haben. Die Trauerkultur entwickelt sich weiter und der Wunsch der Trauernden, die Lieblingsmusik ihrer Verstorbenen bei der Trauerfeier zu hören, löst heute vermutlich nur noch selten Streit aus. Dennoch bleibt die Frage der Bestattungsmusik ein potenzieller Konfliktfall. Nicht nur, weil sich mit Musik immer auch Emotionen und Geschmacksfragen verbinden. Vermutlich bleibt das Feld zumindest spannungsreich, da die Gefahr, sich gegenseitig zu kränken, immer noch erheblich ist. Es geht nicht um Nebensächliches, sondern um zentral Empfundenes – »Das ist doch kein Problem für Sie, oder?«:

potenzieller Konfliktfall

»Wenn *die von der Kirche* nicht bereit sind, ›unser Lied zu spielen‹, zeigt das, dass es ihnen auch nicht wirklich um uns geht. Und auf

> der anderen Seite: Wer meine Dienste bei Trauung oder Trauerfeier in Anspruch nimmt, von dem kann ich erwarten, dass er/sie einen gewissen Respekt vor dem Besonderen der kirchlichen Verkündigung zeigt; ich lasse mich nicht zum sprechenden Lorbeerbaum machen.« (Eulenberger 2008, 100)

Wie in einem Brennglas bündeln sich an der Bestattungsmusik Fragen des Selbstverständnisses, der Identität und der Haltung im Umgang mit Verständigungsprozessen.

> Historisch gesehen ist die Bestattungsmusik jeweils auf die Kultur ihrer Zeit bezogen. Mit dem Wandel der kirchlichen Sitten und Normen wandelt sich auch die Kultur kirchlicher Bestattungsmusik im Spannungsfeld zwischen lebensweltlicher Öffnung für den Trauerprozess und dem Bewahren von Traditionen wie dem Choralgesang der Gemeinde.

Alte Kirche

In der Alten Kirche tritt an die Stelle der Totenklage das Singen von Psalmen. Im Mittelalter entfaltet sich in einem langen Prozess die Totenmesse *(missa pro defunctis)*, auch Requiem genannt. Die musikalischen Elemente lösen sich seit der Aufklärungszeit aus ihrem liturgischen Kontext, Requien werden für weltliche Konzertsäle komponiert. Heute wandern diese säkularen Requien zurück in die Kirchen, wenn dort etwa am Ende eines Kirchenjahrs das Requiem von Antonín Dvořák aufgeführt wird.

Reformation

Die Reformation lehnt die Totenmesse ab, reduziert die vorhandenen Formulare und setzt an die Leerstellen den Gemeindegesang. Dabei greift Martin Luther auf bekannte Melodien zurück und dichtet neue Textstrophen, so beispielsweise bei dem Lied »Mitten wir im Leben sind« (EG 518). Dieses Vorgehen nennt sich Parodieverfahren und findet bis heute Anwendung, etwa bei Wettbewerbsausschreibungen für neue Lieder bei Taufe, Trauung oder Bestattung; ein Beispiel ist das Lied »Liebe ist Leben«, das auf ein altes gälisches Volkslied zurückgeht, über »Morning has broken« (Cat Stevens) berühmt wurde und Eingang in das kirchliche Liedrepertoire über die deutsche Übersetzung von Jürgen Henkys (EG 455 »Morgenlicht leuchtet«) und die Neudichtung von Tobias Reitz (EG+ 72) fand.

Ab dem 16. Jahrhundert

Ab dem 16. Jahrhundert hat sich ein Stufensystem des evangelischen Begräbnisses entwickelt, bei dem nicht nur die Form der Predigt (Leichenrede, Standrede oder Abdankung), sondern auch die Mitwirkung eines

Schulmeisters mit seinen Schüler*innen für den Choralgesang zu buchen war. Die Sitte der Mitwirkung von Schüler*innen oder Konfirmand*innen hat sich bis in die Mitte der 1950er-Jahre erhalten, war aber bereits damals kaum noch aufrechtzuerhalten. In einem Entwurf einer Agende aus dem Jahr 1952 wird gefordert, den Gemeindegesang zu stärken und die Sitte der (singenden) Beteiligung von Konfirmand*innen an der Bestattung aufrechtzuerhalten:

Beteiligung von Konfirmand*innen an der Bestattung

> »Die [...] Sitte, dass die Konfirmanden den Pfarrer am Pfarrhaus abholen, zum Trauerhaus oder zur Friedhofskapelle geleiten, und dass sie – nach Möglichkeit unter Führung eines Kantors oder Lehrers – einen Chor bilden oder den Gemeindegesang anstimmen, muss bestehen bleiben. Wo diese Sitte nicht mehr besteht, kann nur dringend ihre Erneuerung empfohlen werden. Auf dem Weg zum Trauerhaus oder zum Friedhof gehen die Konfirmanden – zu zweien – vor dem Pfarrer. [...] Der Küster oder Friedhofswärter oder ein Konfirmand wird sich in der Nähe des Pfarrers aufhalten, um das Barett bei den Gebeten oder die Agende beim Singen zu übernehmen.« (Ordnung des christlichen Begräbnisses 1952, 8)

Wenn es einen Streit am Sarg um die Musik gab, dann fällt er in diese und die Folgezeit, in der die Kirchen versuchten, über schwarze Listen oder »Sternchenlieder« den Einzug von weltlicher und populärer Musik in die kirchliche Bestattungspraxis zu verhindern. Das inzwischen für Bestattungen übliche Lied »So nimm denn meine Hände« (EG 376) war – wie auch »Wir pflügen und wir streuen« (EG 508) oder »Stille Nacht« (EG 46) – mit einem Sternchen versehen, um zu markieren, dass es nicht für den liturgischen Kontext zu verwenden sei.

Teil eines pluralen Marktes

Die Situation hat sich grundlegend verändert. Wie die Bestattung insgesamt ist auch die Trauermusik heute Teil eines pluralen Marktes.

> Die Herausforderung für Kirchen besteht nicht im Hüten eines Kanons, sondern im Beraten, welche Art von Musik im je konkreten Bestattungsfall angemessen ist. Dabei lösen sich Grenzlinien zwischen kirchlicher und säkularer Trauermusik auf, da die Frage in den Vordergrund tritt, was für den Trauerprozess musikalisch jeweils hilfreich ist. Als Lebenshilfe verstanden, werden musikalische Stücke und Lieder in einem gemeinsamen Verständigungsprozess ausgewählt.

Vergleichsportale

Die Kirchen müssen damit rechnen, dass Trauernde bereits über ihr Bestattungsinstitut, aber auch über Internetseiten informiert sind. Es ist aufschlussreich, wie Vergleichsportale, die sich über Provisionen von Bestattungsinstituten finanzieren, über Trauermusik informieren und versuchen, Trauernde auch bei der Auswahl der Musik zu unterstützen (siehe dazu exemplarisch das Portal bestattungen.de). Hierzu wird unter anderem die Liste mit den Top 10 der Trauermusik eines Jahres veröffentlicht, die nicht nur informativen, sondern auch orientierenden Charakter hat. Bestattungen.de nennt für 2019 die folgenden Top 10:

Tab. 5: Trauerhits 2019 (Bestattungen.de 2019)

Platz	Titel und Interpret	Trend
1	Ave Maria - Franz Schubert	→
2	Amoi seg' ma uns wieder - Andreas Gabalier	↑
3	Air Suite Nr. 3 - Johann Sebastian Bach	↑
4	Time To Say Goodbye - Sarah Brightman	↓
5	Die Rose - Helene Fischer	→
6	My Way - Frank Sinatra	neu
7	So nimm denn meine Hände - Jörg-Peter Weigle	neu
8	Träumerei - Robert Schumann	neu
9	Hallelujah - Leonard Cohen	↓
10	See You Again - Wiz Khalifa feat. Charlie Puth	neu

Funktionen populärer Musikwünsche

Auf der Basis einer Befragung von Pfarrer*innen unterscheidet Blume fünf Funktionen populärer Musikwünsche bei der Bestattung, wobei sie unter populär »die im alltäglichen Leben der Menschen beheimatete Musik« (Blume 2015, 396) versteht:

1. Biografisches Zeugnis und Darstellung des Verstorbenen, besonders durch Lieblingslieder, die als eine Art biografisches Zeugnis fungieren und den Lebenslauf musikalisch ergänzen;
2. Unterstützung bei der Realisierung des Statuswechsels: »Auf der Schwelle zwischen Leben und Tod wird die verstorbene Person nochmals als ganz lebendig erlebt, um durch diesen starken Kontrast hinterher deren Totsein besser realisieren zu können« (404 f.);
3. Begleitung der Schwellenübergänge vom Alltag in die Feier und zurück, durch eine Auswahl von Musik und Liedern, die Sicherheit und Vertrautheit stiften; diese Auswahl wird besonders zu Beginn

und am Ende der Trauerfeier relevant, zu Beginn unterstütze leichte und ruhige Musik den Schwellenübergang, die Musik zum Ausgang hingegen könne lebendiger und schneller sein, »da Rhythmus und Melodie so den Gang ins Leben vorzeichnen« (405);
4. Emotionalisierung, da Trauermusik hilft, vorhandene Emotionen freizusetzen, zu verstärken oder auch zu verändern, sie kann tröstend wirken, aber auch als Stress empfunden werden;
5. Unterstützung der Trauerbewältigung, da Musik nachhaltig wirke.

Konsequenzen für den praktischen Umgang

Als Konsequenzen für den praktischen Umgang mit Trauermusik zwischen Lieblingsmusik der Verstorbenen und Chorälen der Kirche sind zwei Aspekte zu nennen:

Zunächst kann Blume zugestimmt werden, dass die pastorale und kirchenmusikalische Aufgabe vornehmlich in Beratungsarbeit besteht: Es ist nicht die Aufgabe zu bestimmen, welche Musik gespielt werden soll, sondern die Trauernden zu beraten und anzuregen, eigene Musikwünsche einzubringen.

Verständigungsprozess bei der Auswahl von Liedern

Es gilt zweitens, die Wünsche der Trauernden ernst zu nehmen, ohne zu allem »Ja und Amen« sagen zu müssen. Differenzen sollen nicht überspielt, Konfliktpotenzial nicht übergangen werden, sei es durch die Einstellung: »Ich mache alles!« oder umgekehrt: »Ich bin der Herr des Verfahrens«. In diesem Sinn votiert Reinke (2013, 30 f.) für einen gemeinsamen Verständigungsprozess bei der Auswahl von Liedern. Diese Form der Trauerarbeit kann manchmal anstrengend sein, ist aber in der Regel etwas gegenseitig Bereicherndes.

Fallbeispiel

Im Fallbeispiel zu Beginn stand die Frage, ob ich als Pfarrer ein Problem damit habe, dass bereits alles arrangiert und ein Singen von Liedern nicht gewünscht sei. Nach einer kurzen Pause sagt die Witwe: »Sie haben ja die Predigt. Da können Sie doch eine Verbindung herstellen.«

Arbeitsteilung in der Kasualpraxis

Im Fall der Musikauswahl besteht tatsächlich die Gefahr gegenseitiger Kränkung. Mich hat nicht die Auswahl an sich, Gustav Mahler, gestört. Im Gegenteil: Wie so oft war es für mich eine Gelegenheit, mich mit einer Musik zu befassen, die mir bisher nahezu unbekannt war. Aber ich hatte Mühe damit, dass die Trauerfeier bereits mit dem Bestatter arrangiert war. Das Angebot der Witwe: »Sie haben ja die Predigt«, hat die Situation entspannt, es kam zu einer Arbeitsteilung in der Kasualpraxis: »Die Menschen, die einen Kasualgottesdienst wünschen, haben zwar oft genaue Vorstellungen, was die Musik angeht, aber sie beanspruchen keineswegs auch die Verfügung über die Deutung dieser Stücke« (Eulenberger 2008, 104).

Hier entstehe die Chance, anzuknüpfen und Verbindungen herzustellen – genau das, was die Witwe mir ausdrücklich zuspielt: »Sie haben ja die Predigt.« Und tatsächlich hat dieses Arrangement die Arbeit an diesem »Fall« in dem Sinn produktiv gemacht, den Eulenberger am Beispiel des Liedes »La paloma« anschaulich beschreibt: Er recherchiert die Ursprünge des Liedes, seine verschiedenen Übersetzungen, entdeckt biblische Stellen zum zentralen Motiv der Taube *(la paloma)* und resümiert zu Recht, dass ein Umgang mit Liedwünschen dieser Art leichter werde, wenn man eine gute Repertoirekenntnis habe (oder sich aneigne) und Verbindungen herstellen könne.

3.6 Kirchenrecht und Seelsorge

Bestattung Konfessionsloser

Aus der Diskussion einer Pfarrkonferenz zur Frage, ob Konfessionslose bestattet werden dürfen:

> Pfarrerin *feinsinnig:* Für mich ist das eigentlich eine Frage der Zeit. Ich habe so viel um die Ohren. Da kann ich mich doch nicht um jeden Einzelnen kümmern. Mir geht es darum, bei Bestattungen die Auferstehung von den Toten zu verkündigen. Ich lasse am offenen Grab immer »Christ ist erstanden« singen. Darauf bestehe ich. Wie soll das gehen, wenn jemand nicht zu uns gehört?
>
> Pfarrer *sich hingebend:* Also, ich denke zuerst an die Trauernden, nicht an uns als Kirche. Für mich ist die Bestattung ein Werk der Barmherzigkeit: Ich wende mich den Menschen zu und versuche, sie zu trösten. Aber ich habe immer auch ein schlechtes Gewissen, weil meine Kirche das ja etwas anders sieht.
>
> Pfarrerin *verlässlich:* Für mich kommt das nicht in Frage. Ich halte mich an das Recht. So viel ist heute unklar geworden. Da ist es doch wirklich gut, wenn wir klare Regeln haben. Das sehen die Leute in meinen Dörfern auch so. Wenn ich da jeden bestatten würde, dann würden die sagen: Warum soll ich denn noch Mitglied in der Kirche sein?
>
> Pfarrer *unkonventionell:* Also ehrlich, das sind doch alles alte Zöpfe. Uns fehlt der Mut, sie endlich mal abzuschneiden. Es ist doch absurd: Da kommen Menschen, die sonst keinen Kontakt zu uns haben, und bitten um eine Trauerfeier. Und wir sagen: Ich muss erst mal prüfen,

ob Sie Mitglied bei uns sind. Das sind doch alles Machtfragen. Bei uns in der Stadt kann ich froh sein, wenn sich überhaupt noch einer für uns interessiert.

Die Frage nach der Bestattung Konfessionsloser erhitzt nach wie vor die Gemüter, obwohl diese Frage schon lang diskutiert wird. Eine eingehende praktisch-theologische Reflexion steht aus, es gibt bisher nur einzelne Überlegungen und Hinweise.

Das Fallbeispiel lässt erkennen, dass die Antwort auf diese Frage von verschiedenen Faktoren abhängig ist: dem Kirchenbild, der Gemeindesituation, aber auch dem Selbstverständnis der Pfarrer*innen. Den Spielraum, den sie in der Frage haben, nutzen sie mit ihren personenspezifischen kommunikativen Grundimpulsen: distanzschaffend, umarmend, kontrollierend oder den Rahmen sprengend.

Das Fallbeispiel lässt auch die Spannung erkennen, in der die Frage der Bestattung Konfessionsloser verhandelt wird: zwischen Kirchenrecht und Seelsorge. Sie spiegelt die Rechtslage der evangelischen Kirchen in Deutschland. Exemplarisch zitiere ich aus dem Bestattungsgesetz der Landeskirche Hannovers:

»§ 1 Kirchliche Bestattung
(1) Die kirchliche Bestattung besteht in der Regel aus einem öffentlichen Trauergottesdienst (Trauerfeier) sowie aus der Beisetzung des Sarges oder der Urne.
(2) Jedes Kirchenglied hat Anspruch auf eine kirchliche Bestattung.

§ 2 Voraussetzungen
(1) Die kirchliche Bestattung setzt in der Regel voraus, dass die verstorbene Person bei ihrem Tod Mitglied einer evangelischen Kirche war.
(2) Auf Wunsch der Eltern werden auch Kinder kirchlich bestattet, die vor einer Taufe verstorben sind. Dasselbe gilt für totgeborene Kinder und Föten.
(3) Keinem verstorbenen Gemeindeglied darf aufgrund seiner Todesumstände eine kirchliche Bestattung verwehrt werden.
(4) In seelsorglich begründeten Ausnahmefällen kann auch ein Verstorbener oder eine Verstorbene kirchlich bestattet werden, der oder die beim Tod nicht Mitglied einer evangelischen Kirche war.
(5) Die Entscheidung über Ausnahmefälle nach Absatz 4 trifft das Pfarramt. Es kann sich dabei mit dem Kirchenvorstand beraten. Pfarr-

> amt und Kirchenvorstand können ein Verfahren verabreden, wie in Ausnahmefällen vorgegangen wird. […]« (Landeskirchenamt der Evangelisch-lutherischen Landeskirche Hannovers 2008, 28–30; 2007).

Ausnahmefälle

Das Kirchengesetz hält fest, dass die Kirchenmitgliedschaft Voraussetzung für die kirchliche Bestattung ist. Zu dieser Grundsatzregel gibt es zwei Ausnahmen: 1. Kinder, die vor der Taufe verstorben sind; 2. Ausnahmefälle, die seelsorglich begründet sind:

> »Das kann insbesondere der Fall sein, wo sich Verstorbene etwa in Gesprächen wieder der Kirche zugewandt haben. Auch die Situation der Angehörigen kann es in Ausnahmefällen nahelegen, eine christliche Bestattung nicht zu verweigern« (Landeskirchenamt der Evangelisch-lutherischen Landeskirche Hannovers 2008, 21).

Konsens der evangelischen Kirchen in Deutschland

Die Lage zwischen Kirchenrecht und Seelsorge, wie sie hier beschrieben wird, spiegelt bei kleineren Abweichungen und Akzentsetzungen im Einzelnen einen Konsens der evangelischen Kirchen in Deutschland, der in ähnlicher Weise auch für die katholische Kirche gilt (Sekretariat der deutschen Bischofskonferenz 2000, 63–69). Nach kirchlichem Selbstverständnis ist die Ausnahmeregelung aus seelsorglichen Gründen möglich, da es bei einer Bestattung primär um die Hinterbliebenen geht (»Situation der Angehörigen«). Auf die Frage, inwiefern die Taufe bei einem Austritt eine Rolle spielt, antwortet das Kirchengesetz nicht. War es früher Praxis, solche Ausnahmebestattungen kenntlich zu machen (ohne Glocken, ohne Talar), wird inzwischen auf solche Abstufungen bewusst verzichtet.

Die Möglichkeit, statt einer Bestattung eine Trauerfeier anzubieten, wird die Lage vermutlich entspannen, da Urnenbeisetzungen bereits heute nicht immer begleitet werden; zudem wächst die Anfrage nach kleinen Formen, manchmal tritt heute schon die Aussegnung an die Stelle einer Trauerfeier.

Konfessionslose bestatten?

Konfessionslose bestatten? Die Antwort auf diese Frage könnte einfach sein, und zwar in zwei Richtungen:

1. *Nein, das geht nicht:* Wer aus der Kirche ausgetreten ist, hat sich von der Kirche als Gemeinschaft der Glaubenden getrennt. Diese Entscheidung muss ernst genommen werden. Er oder sie kann deshalb auch keinen Anspruch auf eine kirchliche Bestattung erheben.

Vorteil dieser Antwort: Sie besticht, weil sie so klar ist. Ihre Logik ist gut nachvollziehbar. Kirche funktioniert wie ein Verein: Wer austritt, hat keinen Anspruch mehr auf ihre Leistungen.
Ihr *Nachteil:* Das Modell gerät mehr und mehr in Konflikt zur Wirklichkeit. Es wirkt starr und untermauert die Vorbehalte gegen Kirche als Institution.

2. *Ja, das ist unproblematisch:* Bestatten ist ein Dienst der Barmherzigkeit. Er darf Menschen, die um eine kirchliche Bestattung bitten, nicht verweigert werden.
   Vorteil dieser Antwort: Sie besticht, weil sie Konflikte mit den Betroffenen minimiert, sie kommt ihnen entgegen. Kirche ist eben mehr als nur ein Verein: Wer austritt, bleibt für Kirche nach wie vor bedeutsam.
   Ihr *Nachteil:* Das Modell weitet Kirche bis zur Unkenntlichkeit, unterläuft die Notwendigkeit ihrer institutionellen Gestalt und befördert Konflikte auf anderer Ebene, besonders in Dorfgemeinden: »Warum wird sie bestattet? Sie war doch aus Kirche ausgetreten …«

Differenzierungen

Es könnte so einfach sein. Aber das ist es nicht. Die Situation ist spannungsreich, Differenzierungen sind nötig:

- *In vielen Gemeinden ist die Ausnahme inzwischen zur Regel geworden.* Die Handreichung der Evangelischen Kirche von Kurhessen-Waldeck »Verbindungen knüpfen – Bindungen stärken« (Bildungskammer der Evangelischen Kirche von Kurhessen-Waldeck 2019) stellt unumwunden fest, es sei heute »ein Spannungsverhältnis zwischen den offiziellen kirchlichen Regelungen und der faktischen Praxis bzw. den Bedürfnissen der Menschen zu beobachten« (55); faktisch würden »Konfessionslose in zunehmender Zahl auch kirchlich bestattet« (55).
- *Ausnahmen zuzulassen, bedeutet, Vorgänge zu prüfen.* Das erinnert an die problematischen Exklusionen in der Geschichte der evangelischen Bestattung. Das Begräbnis auf einem christlichen Friedhof war

  »Ausdruck der Zugehörigkeit zur religiösen Gemeinschaft schlechthin. Dies zeigt sich auch daran, dass allen unehrenhaften Personen wie etwa Henkern oder Hingerichteten, Selbstmördern, ja auch Fremden und selbst ungetauft verstorbenen Kindern und Säuglingen ein Grab in geweihter Erde auf dem Kirchhof verweigert wurde« (Happe 2015, 255).

- Hier ist vorausgesetzt, dass man Tote ehren muss, aber nur die ehren darf, die gewissen Normen gerecht wurden: »Als letzte Norm blieb in der Volkskirche das Zahlen von Kirchensteuermitteln übrig« (Winkler 1995, 170).
- *Konfessionslosigkeit ist ein komplexes Phänomen.* Es muss zwischen »ererbter« (in Ostdeutschland) und »erworbener« (in Westdeutschland) Konfessionslosigkeit unterschieden werden. Umstritten ist die Frage nach der »Religion« der Konfessionslosen. Hier hilft eine Erinnerung an die biblische Geschichte vom Hauptmann von Kapernaum weiter (Mt 8,5–13), der nicht glaubt und doch betet: »Herr, mein Knecht liegt zu Hause […] ich bin nicht wert, dass du unter mein Dach gehst, sondern sprich nur ein Wort, so wird mein Knecht gesund.« (Mt 8,6–8)
- *Auch das Phänomen der Kirchenaustritte muss differenziert werden.* Es steht in einem auffallenden Zusammenhang mit gesellschaftlichen und kulturellen Umbrüchen; dennoch spielen auch individuelle Motive eine Rolle; es lassen sich Muster erkennen, etwa die Enttäuschten, Abgeschreckten, aber auch die engagierten Umdenker, bei denen sich »die anfängliche sehr starke Kirchenbindung durch ihre zunehmende kritische Einstellung gegenüber der Kirche in eine ablehnende Haltung« (Ebertz/Eberhardt/Lang 2012, 54) umkehrt.
- Mit Recht hebt die Handreichung der EKD »Herausforderungen evangelischer Bestattungskultur« bereits im Jahr 2004 *die unverlierbare Bedeutung der Taufe* hervor und stellt die Frage, ob es richtig sein könne, wenn wir bei Getauften, die ausgetreten sind, »das Zeugnis von der bleibenden Zugehörigkeit […] am Ende eines Lebenswegs nicht mehr ausrichten?« (Kirchenamt der EKD 2004, 20)
- *Zugehörigkeit zur Kirche wird mehr und mehr zu einer bewussten Entscheidung.* Sie definiert sich auch über die Suche nach Gemeinschaft. Die Kirchengemeinden erreichen mit ihren Formen nur eine Minderheit der Kirchenmitglieder. Mehrheitlich suchen Menschen Kirche als Hintergrundinstitution, die es ihnen erlaubt, ihre innere Zugehörigkeit in Form sozialer Distanz zu leben.
- *Zu erinnern ist schließlich an die reformatorische Unterscheidung zwischen sichtbarer und verborgener Kirche.* Diese Unterscheidung ist die theologische Bedingung und Basis für die Volkskirche: Denn die verborgene Kirche schafft die »Toleranz gegenüber der gegebenen, sichtbaren Kirche« (Preul 1997, 102), die darauf verzichtet, das Verborgene »durch klare Grenzziehung sichtbar zu machen« (Preul 1997, 192). Kirche, wie sie ist, ist nicht Kirche, wie sie sein soll.

Wie nun lässt sich in der Praxis mit Konfessionslosen umgehen? Die komplexe Lage spricht gegen eine pauschale Lösung. Ist eine solche derzeit nicht angemessen, ist der Blick zunächst auf die Handlungsstrategien der Pfarrer*innen zu richten: Wie gehen sie mit der Konfliktlage um? Gehen sie ihr aus dem Weg? Oder versuchen sie, die Spannungen auszuhalten?

keine pauschale Lösung

Im Fallbeispiel werden vier Handlungsstrategien skizziert, die sich den vier kommunikativen Grundmustern von Distanz, Nähe, Dauer und Wechsel zuordnen lassen. In einer Kombination der Ansätze von Thomann/Schulz von Thun (1991) und Engemann (Engemann 2011, 73 f.) ergeben sich folgende idealtypische Muster:

Tab. 6: Kommunikative Handlungsstrategien mit Weltsicht und Selbstbild

Kommunikationstyp	Distanz	Nähe	Dauer	Wechsel
Grundimpuls	Distanz schaffend	umarmend	kontrollierend	Rahmen sprengend
Sehnsucht nach …	Abgrenzung	Liebe	Kontrolle	Abenteuer
Sonnenseite	stark in sich feinsinnig	einfühlsam sich hingebend	verlässlich berechenbar	unkonventionell belebend
Schattenseite	kühl befremdlich	immer lieb oft ausgenutzt	am Leben vorbei tyrannisch	ausweichend flüchtend
Weltsicht	man kann sich nur auf sich verlassen	Zuwendung rettet die Welt	Recht und Ordnung helfen immer	Carpe diem
Selbstbild	Einsame*r Zeug*in	Selbstlose*r Helfer*in	Zuverlässige*r Hüter*in	Tolerante*r Freund*in
Umgang mit Krisen	mit sich selbst ausmachen	mit den anderen besprechen	klare Regeln einhalten	Tapetenwechsel herbeiführen

Die Grundmuster enthalten nicht nur typische Selbstbilder, sondern auch typische Strategien im Umgang mit Konflikten: Pfarrerin *feinsinnig* zieht sich in sich selbst zurück (Konflikte mit sich selbst ausmachen), Pfarrer *sich hingebend* sucht den Austausch mit anderen (Konflikte mit anderen besprechen), Pfarrerin *verlässlich* pocht auf das Einhalten von Recht und Ordnung (klare Regeln einhalten) und Pfarrer *unkonventionell* ist für alles offen, insbesondere für neue Formen, Orte und Zeiten (Tapetenwechsel herbeiführen).

typische Strategien im Umgang mit Konflikten

Nach Thomann und Schulz von Thun (1991) treffen die vier kommunikativen Grundbestrebungen für die meisten Menschen zu, jedoch in unterschiedlichem Verhältnis: Jeder verfolge die Tendenzen in unterschiedlicher Intensität und Reihenfolge.

Schattenseiten

Keine der Strategien ist ideal, wie die Schattenseiten zeigen: Wer sich als »einsamer Zeuge« (für das Evangelium) fühlt, wird eher als kühl und befremdlich wahrgenommen, wer sich als »selbstloser Helfer« (für die Trauernden) einsetzt, steht in der Gefahr, ausgenutzt zu werden, wer sich als »zuverlässiger Hüter« (der Tradition) versteht, erscheint lebensfern bis dahin, dass sein Einsatz für Recht und Ordnung tyrannische Züge annehmen kann, und wer die Rolle des »toleranten Freundes« (der Trauerfamilien) einnimmt, riskiert, mit dem, was sein Auftrag ist, gar nicht mehr erkennbar zu sein.

> In diesem Sinn helfen die vier Grundmuster, die pastoralen Handlungsstrategien mit ihren Motiven, Stärken und Schwächen besser zu verstehen (analytische Ebene). Sie können aber auch als Impuls aufgefasst werden, Konzepte zu entwickeln, die mit Blick auf den jeweiligen Gegenpol versuchen, Spannungen auszuhalten (regulative Ebene).

Dies kann auf einzelne Personen wie auch auf die Kirche als Ganze bezogen werden. Der gesellschaftliche Trend, dem sich die Kirchen nicht entziehen können, spricht für eine Lösungsstrategie, die sich eher im Nähe-Wechsel-Feld als im Dauer-Distanz-Feld verorten lässt, man kann auch sagen: Gefordert ist situative Flexibilität, ohne die institutionelle Verlässlichkeit der Kirche preiszugeben.

situative Flexibilität

> Diese Lösung spiegelt die Übergangssituation, in der sich die evangelischen Kirchen derzeit befinden. Es ist absehbar, dass die gesellschaftlich-kulturellen Entwicklungen sie herausfordern werden, ihr Selbstverständnis stärker diakonisch im Sinn eines Dienstes für die Gesellschaft auszurichten. Im Anschluss an die altkirchliche Tradition kann sich das kirchliche Bestatten als ein »Werk der Barmherzigkeit« verstehen, das dann zum Zug kommen kann, wenn die Trauernden es wünschen und es dem Willen der Verstorbenen nicht widerspricht.

Nüchtern muss mit Blick auf kirchliche Initiativen insbesondere in Ostdeutschland gesehen werden, dass mit einem solchen Verständnis weder die aktive Kirchengemeinde vor Ort verstärkt Zuwachs bekommt noch zu erwarten ist, dass sich die Taufbereitschaft signifikant verändern wird. Der Effekt ist »niedrigstufiger in einer Einstellungsänderung gegenüber Religion und Kirche« (Handke 2017, 164) zu erwarten, deren Folgen derzeit nicht absehbar sind.

3.7 »Einfach so da sein«

Der Pfarrberuf und das Prädikant*innenamt sind mit der Aufgabe, Verstorbene christlich zu bestatten, vielfachen Spannungen ausgesetzt. Prädikant*innen und Pfarrer*innen bewegen sich zwischen »Intimität und Öffentlichkeit«, »Popmusik und Choral« oder »Kirchenrecht und Seelsorge«. Es ist ihre Aufgabe, Strategien im Umgang mit diesen Spannungen zu entwickeln. Dazu ist es auch erforderlich, sich selbst in ein Verhältnis zu den Fragen von Sterben und Tod zu setzen. Die Aufgaben, die sich damit stellen, werden heute zusätzlich von spezifischen Kränkungen belastet. Religion wandert in gesellschaftliche, kulturelle und berufliche Kontexte ab. Wofür ist Kirche dann noch da?

In dieser Lage setzt Axel Hacke mit seinem Buch »Wozu wir da sind« einen literarischen Impuls, der pastoraltheologisch weiterführend ist: Menschen sind nicht nur Machende und Gestaltende, sondern auch Empfangende und Hinnehmende.

Konfliktfeld

In der Krisensituation der Kirchen in den 1970er-Jahren beschrieb Spiegel Kasualien als ein Konfliktfeld, das den Pfarrer vor »ein erhebliches Problem« (Spiegel 1971, 212) stelle und ihn »einer permanenten psychischen Belastung« (Spiegel 1971, 227) aussetze, die sich nicht zuletzt dadurch verschärfe, dass die Kirche als Institution versuche, die Kasualien als Amtshandlungen »zum Zwecke der eigenen Systemerhaltung einzusetzen« (Spiegel 1971, 221). In dieser Situation falle es dem Pfarrer besonders schwer, »in den Amtshandlungen einen seelsorgerlichen Ansatz zu finden« (228): Er gerate in einen Konflikt zwischen Intimität und Öffentlichkeit und erlebe Anforderungen, die der theologischen Tradition widersprechen, so insbesondere das Bedürfnis nach Sentimentalität in der Trauerfeier und Glorifizierung der Verstorbenen.

vier pastorale Lösungsstrategien

Spiegel skizziert vier pastorale Lösungsstrategien: Man könne den Kasualien ausweichen, sie als Pflicht hinnehmen, sie für den Gemeindeaufbau nutzen oder sie als Anlass zur Seelsorge auffassen. Es fällt nicht schwer, diese vier Strategien mit dem kommunikationspsychologischen Ansatz zu kombinieren (siehe dazu oben 3.1 und 3.6), um nicht nur die

Strategien stärker zu präzisieren, sondern auch emotionale Effekte zu identifizieren, die sich jeweils mit den vier Strategien verbinden und die sich auch auf Trauernde im Umgang mit dem Verlust beziehen lassen:

Tab. 7: Vier Lösungsstrategien im Konfliktfeld Bestatten

	Modus	Lösungsstrategie	Emotionale Effekte
1. Anlass zur Verkündigung	Distanz	mit sich selbst ausmachen	sich allein gelassen fühlen
2. Verpflichtung gegenüber Volkskirche	Dauer	Regeln einhalten	sich fremdbestimmt fühlen
3. Ansatzpunkt zum Gemeindeaufbau	Wechsel	Neues ausprobieren	Enttäuschungen erleben
4. Anlass zur beratenden Intervention	Nähe	mit anderen sprechen	Überforderungen erleben

keine ideale Strategie

Auch hier gilt, wie bereits im Umgang mit dem Bestatten Konfessionsloser beschrieben: Es gibt keine ideale Strategie. Aber die Aufgabe, Bestatten als eine Kasualie zu gestalten, setzt die Bereitschaft voraus, nicht eindimensional zu handeln, sondern sich Spannungen auszusetzen.

Strategie eines Umcodierens

Die Strategie eines Umcodierens kann helfen, den Spielraum pastoralen Handelns zu erhöhen. Was einst Neidhart für den Umgang mit der Rolle eines Zeremonienmeisters beschrieben hat, kann heute im Umgang mit der Rolle eines Dienstleisters fruchtbar werden: Je besser der Pfarrer »seine Rolle als Zeremonienmeister versteht, desto grösser wird sein Spielraum« (Neidhart 1971, 232). Das Umcodieren besteht darin, negativ Empfundenes positiv zu sehen und daraus neue Handlungsspielräume zu gewinnen.

Frage des persönlichen Verhältnisses

Bestatten pastoraltheologisch zu bedenken bedeutet auch, die Frage des persönlichen Verhältnisses zu Sterben, Tod und Bestatten zu klären. Das trifft für Pfarrer*innen wie für Prädikant*innen zu. Für den Pfarrberuf ergibt sich eine andere Herausforderung, da mit dem Schwinden »der amtlichen Funktionen des Pfarrdienstes« (Böhm/Scherle 2020, 75) der Druck auf die Person zunimmt.

Auch wenn Pfarrer*innen und Prädikant*innen Routinen für das Bestatten ausbilden, bleibt jede Bestattung nicht nur ein Grenzfall, sondern auch eine Schwellensituation »mit allen Symptomen von Schwellenangst, Gefühlen eigener Unzulänglichkeiten (auch im religiösen Sinn!) und Widerstand.« (Fechtner 2011, 56). Das bedeutet, dass Pfarrer*innen und Prädikant*innen sich Fragen wie etwa diesen persönlich stellen sollten (siehe dazu Frisch 2011, 89–93):

- Was tröstet mich?
- Möchte ich wissen, wie Sterben ist? (nach Frisch 2011, 90)
- Wem gönne ich manchmal meinen eigenen Tod? (nach Frisch 2011, 90)
- Was stört mich an Bestattungen? (nach Frisch 2011, 91)
- Habe ich schon einmal einen Toten berührt?
- Wo will ich einmal begraben sein? (nach Frisch 2011, 92)
- Welche Musik soll bei meiner Bestattung erklingen?
- Bete ich für meine Toten?
- Was ist für mich Auferstehung?
- …

Dreieck zwischen Person, Beruf und Amt

Das Dreieck zwischen Person, Beruf und Amt ist derzeit nicht ausbalanciert. Mit dem gesellschaftlichen Anspruch auf Authentizität kommt der Person ein starkes Gewicht zu; auch der Aspekt des Beruflichen nimmt zu, wie beispielsweise an der Diskussion um das Leben im Pfarrhaus deutlich wird. In einer »Nähe-Wechsel-Gesellschaft« (siehe oben 3.1) verliert das Amt an Relevanz, einen Amtsbonus bei Bestattungen erleben Pfarrer*innen allenfalls noch in Dörfern. Vertrauen ist nicht per se da, sondern muss erst erarbeitet werden, auch in dieser Hinsicht gilt, dass die Bestattungspraxis als »zeitaufwändig und kräftezehrend« (Doll 2019, 114) erlebt wird.

Kränkungen

Umso schwerer fällt es, mit Kränkungen umzugehen, die zwar persönlich erlebt werden, aber in ihrer Ursache gesellschaftlich veranlasst sind. Wenn Pfarrer*innen und Prädikant*innen erleben, dass das, wozu sie da sind, in andere Bereiche wie das Bestattungsgewerbe abwandert (an die Stelle der Totenfürsorge tritt die umfassende Fürsorge für die Trauernden), kann das – für Pfarrer*innen noch einmal anders als für Prädikant*innen – als kränkend und verunsichernd erlebt werden: Wozu sind wir dann noch da?

Trauerredner Walter Wemut

In seinem Buch: »Wozu wir da sind« lässt Hacke (2019) seine Hauptfigur, den Trauerredner Walter Wemut, über diese Frage nachdenken. Er muss sich einer Herausforderung stellen: Er soll eine Festrede anlässlich eines hohen Geburtstags halten. Fragen entstehen, etwa, was das Leben lebenswert macht oder wie Glück entsteht. Ist es machbar oder fällt es einem zu? Wenn Walter Wemut hört, dass Menschen sagen: »›Willkommen Tag. Ich erwähle dich mit allem, was du mir bringst. Ich will mich am Leben entwickeln, die Situation ist mein Coach‹« (Hacke 2019, 46), dann denkt er:

> »Meinetwegen. *Aber jeden Morgen?* Kann man denn nicht mal eines unerwählten Morgens einfach so da sein? Ohne Erwählung? Ohne sich am Leben zu entwickeln?
>
> Die Leute betreiben Glücklichsein wie Weitsprung oder Kugelstoßen. Wenn sie nicht jeden Tag dreimal glücklich gewesen sind, verzweifeln sie, wahrscheinlich gibt es auch jetzt Armbänder, die neben der täglichen Schrittzahl die Glücksmomente pro Tag anzeigen [...].
>
> Die Menschen dulden keine Zufälle mehr, kein Scheitern, sie wollen immerzu alles im Griff haben, kennen keine wirkliche Neugier und nicht die Überraschungen, aus denen doch das Reisen bestehen könnte, vielleicht sogar bestehen sollte, nein, da ist nur Effektivitätsdenken, Kontrolle, Meinung, Meinung, Meinung.
>
> Dagegen eben könnte unsere schärfste Waffe der Müßiggang sein, der knallharte Widerstand durch Herumliegen, Dösen und das Betrachten von Hauswänden, Baumrindenstrukturen, Wolkenformationen, Schwalbensturzflügen, Fingernagelrillen und Blütenblättern. Das willenlose Betrachten der Dinge. Das Hinnehmen der Ereignisse.« (Hacke 2019, 46f)

Wozu sind Pfarrer*innen, wozu sind Prädikant*innen beim Bestatten da? Sie werden sich darauf einstellen müssen, immer stärker zu erleben, ersetzbar zu sein. Umso mehr kommt ihnen die Aufgabe zu, Religion als das, wofür sie mit ihrem Beruf oder Amt stehen, in einer dreifachen Anwaltschaft so zu kommunizieren, dass Menschen Religion als etwas für sie Förderliches erleben:

Selbstbestimmung

- *Selbstbestimmung*: Pfarrer*innen und Prädikant*innen unterstützen Trauernde in ihrem individuellen Trauerprozess und finden mit ihnen gemeinsam die je angemessenen Formen.

Widerfahrnisse

- *Widerfahrnisse*: Pfarrer*innen und Prädikant*innen erinnern daran, dass Leben nicht nur im Machen, sondern auch im Hinnehmen von Ereignissen besteht.

Umgang mit Grenzen

- *Umgang mit Grenzen*: Pfarrer*innen und Prädikant*innen bieten eine Lebensdeutung an, die über das, was faktisch fassbar und sichtbar ist, hinausgeht: Lebenssinn entsteht in der Integration einer Leben in seinen Grenzen akzeptierenden und überschreitenden Perspektive: »Weil

> Gottes Liebe ohne Ende ist, hilft sie, die Angst und Verzweiflung, die aus der Begrenztheit der menschlichen Liebesfähigkeit resultieren, zu ertragen.« (Wagner-Rau 2004, 45)

Bild des Mitgehens

Daiber fasst die pastorale Aufgabe des Bestattens in das Bild des Mitgehens (Daiber 1996, 10–18). Mitgehen bedeutet, sich auf Menschen in ihrer Trauer einzulassen und mit ihnen gemeinsam die Wege zu gehen, die für sie hilfreich sind. Mitgehen bedeutet auch, bereit zu sein, sich der Trostlosigkeit auszusetzen und um die Gefahr zu wissen, Trauernde nur zu vertrösten, weil es so schwer ist, »die Ohnmacht und das Unsagbare in der Trauer« (Janetzky 2003, 238) auszuhalten. Mitgehen ist ein längerer Prozess: Es geht darum, Trauer und Trostlosigkeit auszuhalten und schrittweise eine neue Perspektive zu gewinnen.

4 Anregungen für die Praxis

Es gibt eine nahezu unübersehbare Fülle von Materialen für die kirchliche Bestattungspraxis. Die folgenden Anregungen beschränken sich auf grundlegende Fragen und lassen sich in exemplarischer Absicht von zwei Aspekten leiten: Bestatten kommt als ein Prozess (von Aussegnung bis Bildungsveranstaltungen) in den Blick, für den die drei Grundformen religiöser Kommunikation bestimmend sind: Gemeinschaftlich feiern (Beispiel: Aussegnung), Helfen zum Leben (Beispiel: Trauergespräche) und Lehren und Lernen (Beispiel: Memento Mori).

4.1 Aussegnungen

sensible Zwischenzeit

Die Zeit zwischen Tod und Bestattung ist eine sensible Zwischenzeit. Die Aussegnung hat ihren ursprünglichen Sitz im Leben in der Aussegnung aus dem Sterbehaus. Das Abholen des Leichnams aus dem Haus ist ein tiefer Einschnitt; von diesem Moment an sind Verstorbene »der Fürsorge der Angehörigen entzogen« (Bestattung EKKW 2006, 105).

Diese Ursprungssituation ist heute kaum noch anzutreffen. Menschen sterben mehrheitlich in einer Klinik, einer Pflegeeinrichtung oder einem Hospiz. Zwar ist es rechtlich möglich, den Leichnam nach Hause überführen und dort – in der Regel bis zu drei Tage – aufbahren zu lassen, aber davon wird nahezu kein Gebrauch gemacht.

Es ist mit verschiedenen Situationen zu rechnen. Tritt der Tod in einem Krankenhaus ein, wird es in der Regel nicht möglich sein, am Krankenbett auszusegnen. Steht in der Klinik ein entsprechender Raum zur Verfügung, kann dort eine Aussegnung unter Beteiligung von Mitarbeitenden der Klinik stattfinden. Nicht selten finden Aussegnungen in der Trauerhalle auf dem Friedhof oder im Abschiedsraum eines Bestattungsinstituts (am offenen Sarg) statt.

Aussegnungen in der Trauerhalle

Werden Aussegnungen auf der einen Seite insgesamt eher selten praktiziert, ist auf der anderen Seite eine neue Sensibilität für Rituale in der

Trauerarbeit feststellbar. Manchmal bedarf es nur einer kleinen Initiative, um die Tradition neu zu beleben. Die Aussegnung ist eine kleine, persönliche Form, die als solche geschätzt wird. Sie kann durch Ideen wie einen Trauerkorb in Krankenhäusern oder Altenheimen gefördert werden (Liturgische Konferenz 2015, 145).

kleine, persönliche Form

Nicht nur der Ort ist verschieden, auch der Zeitpunkt der Aussegnung: Eine Aussegnung kann direkt nach Eintritt des Todes stattfinden, dann wird sie eher kurz und auf grundlegende Elemente beschränkt sein: Biblisches Votum, Abschiedssegen, Gebet und Segen für die Hinterbliebenen. Wird die Aussegnung später gehalten, kann sie in der Form ausführlicher sein, eine kurze Besinnung enthalten und den Erinnerungen der Hinterbliebenen Raum geben.

Eine Aussegnung zu halten, erfordert Einfühlungsvermögen in die Situation der Trauerfamilien. Zwar stiften die gebundenen Formen einen Rahmen, der Halt gibt und entlastet. Aber der Umgang mit ihnen muss so sein, dass die individuellen Bedürfnisse der Trauernden zum Zug kommen können.

Aussegnungen können von Pfarrer*innen oder Prädikant*innen, von Mitarbeitenden einer Einrichtung oder Ehrenamtlichen in der Hospiz- und Trauerarbeit gehalten werden. Sie erfordern Vorbereitungen des Raums, in dem sie stattfinden, aber auch der Person, die sie hält; ein Gebet unmittelbar zuvor kann helfen, sich zu sammeln und präsent zu sein (siehe dazu Liturgische Konferenz 2014, 225–227). Aussegnungen bieten sich als Thema von Fortbildungsveranstaltungen in Gemeinden oder Einrichtungen an.

> Kinder können selbstverständlich an einer Aussegnung teilnehmen. Sie ist ein guter Anlass, mit ihnen über Sterben, Tod und Trauer zu sprechen und sie auf die kleine, persönliche Form des Abschiednehmens vorzubereiten. Ihre Anwesenheit kann die Situation entspannen und die, die die Aussegnung halten, dazu anhalten, verständlich und bildreich zu sprechen: »Die Oma ist nun bei Gott!«

Kinder

Das Neue Evangelische Pastorale (Liturgische Konferenz 2014, 188, im Original kursiv) nennt drei Aspekte, die für die Gestaltung von Aussegnungen hilfreich sein können:

Gestaltung von Aussegnungen

- »Je nach Möglichkeit soll der Raum für die Andacht hergerichtet werden: Nicht mehr benötigte medizinische Geräte und Materialien

werden weggeräumt. Man kann eine Kerze anzünden, ein Kreuz aufstellen, Blumen auf das Bett des/der Toten legen.
- Bei einer Aufbahrung können Gegenstände einbezogen werden, die für die Trauernden als Erinnerung oder als Ausdruck ihrer Beziehung zum/zur Verstorbenen bedeutungsvoll sind.
- Zwischen der Andacht und der Bestattung kann eine Verbindung geschaffen werden: Durch einen biblischen Text, der bei beiden Gelegenheiten gelesen wird, oder durch Gebetsformulierungen, die wieder aufgenommen werden.«

Grundform Aussegnung

- Vorbereitung
- Eröffnung
- Biblisches Votum
- Psalm
- Kurzansprache
- Abschiedssegen
- Gebet
- Vaterunser
- Segen
- Zeit für individuellen Abschied

Einzelne liturgische Stücke

Eröffnung
im Krankenhaus, Altenheim, Hospiz oder in der Trauerhalle

»Wir haben uns hier versammelt,
um *N.N.* noch einmal nahe zu sein
und um die Wirklichkeit des Todes zu begreifen.
Es soll Zeit sein für eigene Gedanken,
für die widersprüchlichen Gefühle in uns.
Wir wollen unserer Trauer Ausdruck geben,
uns aber auch anrühren lassen
von dem tiefen Frieden,
der von *dem/der* Toten ausgeht.
Und wir wollen *N.N.* in Frieden ziehen lassen,
denn unser Leben ist ein Weg,

der über die Welt hinausführt.«
(Bestattung EKKW 2006, 106)

Abschiedssegen (aus dem 8. Jahrhundert)

Es segne dich Gott, der Vater,
der dich nach seinem Bild geschaffen hat.
Es segne dich Gott, der Sohn,
der dich durch sein Leiden und Sterben erlöst hat.
Es segne dich Gott, der Heilige Geist,
der dich zum Leben gerufen und geheiligt hat.
Gott der Vater, der Sohn und der Heilige Geist
geleite dich durch das Dunkel des Todes.
Er sei dir gnädig im Gericht
und gebe dir Frieden und ewiges Leben.
Amen

Abschiedssegen (modern)
Eventuell Hand auf die Hände der/des Toten legen

Gott hat dir deine Hände gegeben
und du hast gelernt, sie zu gebrauchen.
Du hast andere berührt und gehalten.
Andere haben dich gehalten und berührt.
Deine Hände haben gespielt und geschafft
und gewerkelt und gemacht.
Nun brauchen sie in dieser Welt nichts mehr zu tun.
Gott schenke Frieden deinen Händen und allem,
was sie getan und gelassen haben.
Beate Kemmler[5]

5 Beate Kemmler danke ich herzlich dafür, dass sie mir diesen Text für das Buch zur Verfügung gestellt hat.

4.2 Trauergespräch

Spannung zwischen Intimität und Öffentlichkeit

Trauergespräche haben die Aufgabe, einen persönlichen Kontakt aufzubauen, die Bedürfnisse der Hinterbliebenen wahrzunehmen und sie zur Mitwirkung im Trauerprozess zu motivieren. Sie sind von einer Spannung zwischen Intimität und Öffentlichkeit bestimmt, die es auszutarieren gilt. In Trauergesprächen wird nicht nur der Trauergottesdienst vorbereitet. Sie sind auch ein Ort der Trauerarbeit und mithin der Seelsorge.

Trauergespräche haben klar erkennbare und unterscheidbare Phasen und folgende typische Themen:
- Klären von Formalitäten
- Verstehen der Situation
- Wahrnehmen der Sterbegeschichte
- Anteilnahme an der Erinnerungsarbeit
- Vorbereiten des Gottesdienstes.

Damit ist noch nicht beschrieben, wie Trauergespräche gut gelingen können. Es gilt bei aller Unterschiedlichkeit der Situationen und individuellen Zugangsweisen unter anderem zu beachten:
- Trauergespräche finden in der Regel im *Trauerhaus* statt: »Bücher im Regal, Zeitungen auf dem Tisch, Bilder und Sprüche an der Wand sagen oft mehr aus, als was in Frage und Antwort zu erfahren ist. Sie können auch als Frageimpulse dienen« (Winkler 1995, 205; siehe oben 3.4).
- Im *Erstkontakt* werden oft schon die Weichen für das Trauergespräch gestellt. Hier können Hinweise und Anregungen zur Vorbereitung auf das Gespräch gegeben werden, etwa die Bitte, einen Lebenslauf zusammenzustellen, die Frage nach einem biblischen Text oder die Musik für die Trauerfeier zu bedenken.
- Bestattungsgespräche stehen nicht selten unter *Zeitdruck,* da sie nur bedingt planbar sind. Wie kann es gelingen, trotz dieses Drucks im Gespräch ganz präsent zu sein? Es gilt, sich über eigene Strategien im Umgang mit solchen Drucksituationen klar zu werden. Auch muss berücksichtigt werden, wie die vielen Eindrücke, Informationen und Erzählungen nach dem Gespräch verarbeitet werden können (beispielsweise in Form eines Gedächtnisprotokolls oder bei einem Spaziergang).
- Das Anschauen von Bildern, das Aufstellen eines Fotos des Verstorbenen, das *Anzünden einer Kerze* oder auch das gemeinsame Hören von Musik für den Trauergottesdienst kann die Trauerarbeit unterstützen.

- Trotz der Ausbildung von (entlastenden) Berufsroutinen gilt es, sich immer wieder neu die *Perspektive der Trauernden* und die besonderen Anforderungen eines Trauergesprächs klarzumachen. Für die Hinterbliebenen ist ein solches Gespräch in der Regel »ungewohnt und schwierig, so dass sie nicht selten auf Klischees und Allgemeinplätze zurückgreifen« (Winkler 1995, 186).
- Wird die Trauerfeier als eine *Form der Trauerbegleitung* verstanden, hat die Sprache der Trauernden Vorrang. Es gilt, ihr natürliches Verhalten zu unterstützen und sich für die unterschiedlichen Formen ihrer Trauer offenzuhalten. So können auch Versuche, mit den Verstorbenen in Verbindung zu bleiben, als eine Ressource für die Trauerarbeit gewürdigt werden.
- Wie am Fallbeispiel des »Sauerkirschbaums« (siehe oben 3.2) deutlich wird, spielen in dieser Form der Trauerbegleitung auch *Impulse und Interventionen* eine wichtige Rolle; kirchliche Trauerbegleitung »unterstützt, hinterfragt und bringt neue Möglichkeiten ins Spiel« (Roth 2014, 299). So löst die Intervention der Pfarrerin im Fallbeispiel einen weiteren und hilfreichen Schritt in der Trauerarbeit aus.
- Da immer auch mit einer Rollenasymmetrie zwischen »Laien« und »Expert*innen« zu rechnen ist, tritt die Aufgabe hervor, bewusst zur *Partizipation und Mitwirkung* anzuregen.
- Der *Person des Pfarrers oder der Prädikantin* kommt eine zentrale Bedeutung zu. Da im Trauergespräch über existenzielle und religiöse Fragen gesprochen wird, sind immer auch Intuition, Risikofreudigkeit und Einblicke in den eigenen Umgang mit religiösen und existenziellen Fragen erforderlich. Nur so kann Vertrauen in die pastorale Kompetenz entstehen (siehe dazu Feige/Schöll 2017, 162–165).
- Hier ist die *Frage der Wahrhaftigkeit* berührt. Wie am Fallbeispiel eines misslungenen Trauergesprächs erkennbar wird (siehe unten 4.5), darf die existenzielle Unsicherheit nicht zu einer Form pastoraler Ratlosigkeit führen (»Aber was soll ich dann in meiner Predigt sagen?«), die Hinterbliebene überfordert und in stereotype Muster ausweichen lässt (»Sagen Sie doch etwas über ihren treusorgenden Charakter«).
- Förderlich und entlastend für die Trauernden ist, wenn der *Konflikt zwischen Intimität und Öffentlichkeit* von den Seelsorger*innen ausdrücklich thematisiert wird: »Als Pfarrerin kann ich gut unterscheiden zwischen dem, was wir hier vertraulich miteinander besprechen, und dem, was ich bei der Trauerfeier öffentlich sagen werde.«

Die Spannung zwischen Intimität und Öffentlichkeit im Bestattungsgespräch hat exemplarischen Charakter für den Umgang mit Spannungen, die die Kasualpraxis insgesamt bestimmen. Man kann das Konfliktfeld ungelöst lassen und sich unverstanden fühlen. Man kann sich von den Bedürfnissen der Trauernden treiben lassen und sich ausgenutzt fühlen. Oder man begibt sich mit kritischem Einfühlungsvermögen in das Konfliktfeld, sucht die Nähe zu Trauernden, ohne sich mit ihnen ganz zu verbünden.

Station oder Auftakt

Bisher war das »klassische« Trauergespräch im Blick. Es darf nicht isoliert betrachtet werden, sondern soll sich als Station oder Auftakt eines Trauerbegleitungsprozesses verstehen, in dem es zu weiteren Begegnungen im Umfeld der Bestattung kommen kann (siehe dazu oben 2.6).

4.3 Totenfürsorge

Neuere Bestattungsagenden öffnen sich verschiedenen Formen der Totenfürsorge. Waren bereits im 19. Jahrhundert der Valetsegen und die Bestattungsformel mit dem Erdwurf agendarisch aufgenommen worden, so sind weitere Elemente hinzugewachsen, insbesondere das in der evangelischen Tradition bis heute umstrittene Totengebet.

Totengebet

Die Privat-Agende »Gottesdienst menschlich« (Barth/Grenz/Horst 1990) verzichtet auf ein Totengebet und formuliert sozusagen wie aus dem protestantischen Lehrbuch mehrere allein auf die Trauernden bezogene Fürbitten, etwa:

> »Ach Gott, wie hat dieses Sterben
> unser Leben durcheinandergebracht!
> Wir quälen uns an Fragen,
> auf die uns niemand Antwort gibt.
> Werden wir Glauben finden,
> der es lernt, dem Schrecken standzuhalten?
> Werden wir aufhören können,
> uns diesen Tod zu erklären?
> Oder bleiben wir am Tode hängen?
> Gott, lass uns am Leben bleiben.
> Mehr zu wünschen, fehlt uns jetzt die Kraft.«
> (Barth/Grenz/Horst 1990, 79)

Demgegenüber kann die neue Bestattungsagende der Pfalz nicht nur für die Toten bitten, sondern den Kernritus der Bestattung ausdrücklich als »Einsegnung« fassen, bei dem die Verstorbenen persönlich angesprochen werden. Wie lässt sich mit diesem spannungsreichen Befund zwischen Verzicht auf Fürbitten und »Anrede an die Toten« umgehen?

»Einsegnung«

Für die Klärung dieser Frage weiterführend ist die religionstheoretische Unterscheidung zwischen primärreligiösen, auf den Umgang mit den Toten bezogenen, und sekundärreligiösen, den Trauerfall theologisch deutenden Motiven. Im Bereich des Bestattens ist mit sehr unterschiedlichen primärreligiösen Phänomenen zu rechnen. Sie wirken archaisch, sind aber Phänomene, mit denen teilweise bis heute zu rechnen ist:

primärreligiöse Phänomene

- Eine Frau räumt regelmäßig den Schnee von dem Grab ihres Mannes, damit dieser nicht zu schwer auf ihm laste – erzählt mir ein Kollege im Rahmen einer Pfarrkonferenz.
- Frau K. pflanzt für ihren verstorbenen Mann einen Kirschbaum, geht jeden Morgen zu ihm und spricht mit ihm (siehe oben 3.2).
- *Sterbebildchen,* ein Exponat der Sonderausstellung »Totenfru« des Museums für Sepulkralkultur in Kassel, 19.-20. Jahrhundert: »Sterbebildchen, auch Sterbe- oder in jüngerer Zeit Totenzettel genannt, gehen bis in das 17. Jahrhundert zurück. Sie werden während der Totenmesse verteilt. In früheren Zeiten verwahrten ihre Empfänger sie in den eigenen Gebet- und Gesangbüchern. Schlugen sie sie auf, hatten sie insbesondere diejenige verstorbene Person in ihr Gebet einzuschließen, der das zum Vorschein kommende Sterbebildchen gewidmet war« (Sterben und Bestatten, Handzettel des Museums).
- *Eintrag in einem digitalen Kondolenzbuch* am 25. August 2013: »Liebe Louisa, / du bist unser ›Glücksengel‹ hier auf Erden, / der über uns wacht und auf uns aufpaßt, / Dafür danken wir dir. / Du bist und bleibst unvergessen!« (zitiert nach: Nord/Luthe 2015, 323)

Die Beispiele mögen unterschiedliche Gefühle auslösen. Auch machen solche konkreten Gegenstände und Vorstellungen besser verständlich, warum sich die Reformation gegen die Totenfürsorge mit ihren vielen magischen Riten ausgesprochen hat. Manche Vorstellungen gehören der Vergangenheit an, manche sind bis heute anzutreffen. In jedem Fall ist mit ihnen als Ausdruck primärer Religion zu rechnen.

zentraler hermeneutischer Schlüssel

Die Unterscheidung zwischen primärreligiösen Erfahrungen und sekundärreligiösen Deutungen ist der zentrale hermeneutische Schlüssel für die Bestattungspraxis. Spannungen dürfen nicht einseitig aufgelöst werden (siehe Grethlein 2007, 52), vielmehr gilt es, beide Aspekte von Religion zusammenzudenken.

Für die umstrittene Frage des Gebets für die Toten bedeutet dies: Es ist als Form primärer Religion für die Kommunikation des Evangeliums unverzichtbar – nicht »in einem affirmativen, sondern kritischen Sinn« (Grethlein 2008, 124). Als sprachliche Transformation der Grabbeigaben (Grethlein 2007, 270) gedeutet, können Totengebete als Ausdruck der Suche nach Verbundenheit mit den Toten (primärreligiös) verstanden werden, die bei Gott aufgehoben und mit Christus verbunden geglaubt werden (sekundärreligiös). Daiber schreibt in diesem Sinn:

> »Ich habe das Bedürfnis, für meine Toten zu beten. Als guter Protestant meine ich gelernt zu haben: Für Tote braucht man nicht zu beten, sie sind ja in Gottes Hand. […] Warum aber will ich für Tote beten […]? Ich will für sie beten, weil ich mit ihnen verbunden bleibe. So wird das Gebet zum symbolischen Ausdruck meiner Erinnerung, meines Verbundenseins. […] Ob wir in der protestantischen Tradition an dieser Stelle nicht umdenken müssten?« (Daiber 1996, 14)

Das entspricht zunächst durchaus der Praxis, für die sich auch Martin Luther aussprach, nämlich das Gebet für die Toten zu Hause zu sprechen; doch die Tendenz geht heute dahin, solche Totengebete auch öffentlich abzuhalten. So deutet Fechtner das Fürbittengebet als einen rituellen Akt der »Übergabe« (Fechtner 2017, 59), der konstitutiv für ein theologisches Verständnis des kirchlichen Bestattens sei.

Ein Beispiel

Gott, du Geheimnis dieser Welt,
diese Trauerfeier geht zu Ende,
unsere Fragen und Tränen,
unsere Zweifel und Klagen
sind immer noch da;
viel zu nahe ist noch alles.
Welche Wege wollen wir gehen,
weißt du einen für uns?
Wir bitten dich, sei du *N.N.* nahe,

jetzt auf *seinem/ihrem* Weg
durch den Tod hindurch,
begleite du *ihn/sie* jetzt dorthin,
wo Menschen keinen Zugriff mehr haben,
sei du *ihm/ihr* nahe,
und schenke *ihm/ihr* Frieden.
Uns lehre immer wieder bedenken,
wie begrenzt unser Leben ist.
Hilf, dass wir den Tod
nicht aus unserem Leben ausklammern,
damit wir bewusster und in Dankbarkeit
die Tage erleben,
die uns als Geschenk noch zur Verfügung stehen.
In einem stillen Gebet
Können wir unsere eigenen Gedanken formulieren:

– – –

Ja, Gott, es ist schwer, aber es geht weiter.
Sei du bei mir auf diesem Weg.
(Bestattung EKKW 2006, 202)

4.4 Werkstattimpuls menschlich reden

»Mit deinem Urteil, allmächtiger Gott, stehen und fallen wir. Gib, dass wir unsere Schwachheit und Ohnmacht recht erkennen und lass uns bedenken, dass du unsere Kraft und Stärke bist …«

Fürbittengebet

Dieses Fürbittengebet findet sich im Proprium (Textsammlung) der kurhessischen Bestattungsagende (Bestattung EKKW 2006, 198). Es wirkt nicht nur theologisch fremd, sondern auch anthropologisch problematisch, da Menschen hier einseitig auf ihre Schwachheit und Ohnmacht angesprochen werden.

Ein Einzelfall ist es nicht, es lassen sich eine ganze Reihe von liturgischen Texten mit einer ähnlichen Diktion in Agenden und Werkbüchern zur Bestattungspraxis finden.

Ein denkbarer Einwand gegen diese Kritik wäre: Ist es nicht angemessen, in der Situation der Trauer genau diese Gefühle anzusprechen? Aber nicht einmal von Gefühlen ist die Rede, sondern abstrakt von Schwachheit und Ohnmacht, die »es recht zu erkennen« gelte. Der Verdacht legt sich nahe, dass Schwachheit und Ohnmacht so einlinig benannt werden, um davon umso leuchtender die Kraft und Stärke Gottes abheben zu können.

Ist das menschlich?

Ist das menschlich? Hilft Menschen das in ihrer Trauer? »Wenn die Anthropologie des Gottesdienstes«, so Engemann (2012, 101), »praktisch-theologisch nicht stimmig ist, können Predigt und Liturgie nicht stimmen«.

Engemanns Überlegungen sind auf den Gottesdienst am Sonntagmorgen bezogen. Sie lassen sich jedoch unschwer auch auf den Trauergottesdienst beziehen und können zu einem Impuls für die eigene liturgisch-homiletische Werkstatt werden: Was ist mein Menschenbild, wenn ich Gebete für Trauerfeiern formuliere? Was ist mein Gottesbild, wenn ich an meiner Traueransprache arbeite?

Nach Engemann ist das Problem vieler Gottesdienste, dass sie Menschen ihr Menschsein zum Vorwurf machen. Faktisch werde uns nicht selten unser Menschsein als Makel vorgehalten:

Menschsein als Makel

> »Die Überlebensfähigkeit eines fast durchweg moralisch verengten Sündenbegriffs in der praktischen Theologie des Gottesdienstes ist erstaunlich: ›Wir waren nicht offen genug füreinander, wir haben einander nicht genug geholfen, wir haben nicht genug Freundlichkeit gezeigt, obwohl du uns ausreichend mit Liebe versorgt hast.‹ Als ob ›prinzipielle Offenheit für jeden‹, ›ständige Hilfs- und Verständnisbereitschaft‹, ›Dauerfreundlichkeit‹ oder ›Allesverstehertum‹ zumutbare Lösungen oder gar das Gegenteil von Sünde wären. Wer will und kann so sein?« (Engemann 2012, 104)

Demgegenüber sucht Engemann nach einer anderen Kultur im liturgischen Umgang mit Menschen. Von der Neurobiologie etwa könne man lernen, dass Menschen nicht prinzipiell auf Egoismus und Konkurrenz eingestellt, sie also keine »Beziehungsmuffel mit übersteigertem Freiheitswillen« (Engemann 2012, 116) sind, sondern auf Kooperation, Resonanz, Liebe angelegt seien: »Es ist, als sei der Liebe schenkende und Liebe empfangende Mensch auf Droge – und als sei die beste Droge für den Menschen der Mensch« (Engemann 2012, 115).

Wer mit dieser Brille Agenden, Werkbücher und Traueransprachen liest, betrachtet viele Texte neu, manches kritischer und sieht sich herausgefordert, nach Alternativen zu suchen.

Als positives Gegenbeispiel nenne ich die Traueransprache, die Navid Kermani, Schriftsteller und Publizist, am 14. Juni 2016 bei der Trauerfeier für Rupert Neudeck (1939–2016) gehalten hat; im »Spiegel« ist sie unter der Überschrift »Er hörte auf sein Gefühl« abgedruckt (Kermani 2016). Die Rede ist nicht nur unter dem Aspekt des impliziten Menschenbildes interessant, sondern auch in ihrem nicht idealisierenden Umgang mit Vorbildern und einer offenen religiösen Deutung aus muslimischer Sicht. Mit Blick auf die homiletische Werkstattarbeit hebe ich drei Aspekte dieser Trauerrede hervor:

Das mulmige Gefühl

1. Kermani beginnt seine Trauerrede, indem er von einem Fernsehabend mit verschiedenen Berichten zur Flüchtlingsnot erzählt und dann resümiert:

> »Und dann? Dann bin ich Zähne putzen gegangen mit einem ganz mulmigen Gefühl. Sie fragen, was das mit Rupert Neudeck zu tun hat, dieses mulmige Gefühl. Ich glaube, dass es exakt den Unterschied markiert zwischen ihm und mir, zwischen ihm und den gewöhnlichen Menschen.«

Es fällt auf, dass der Trauerredner von Beginn an seine eigenen Gefühle anspricht. Er kann damit rechnen, dass viele, die zuhören, dieses Mulmigkeitsgefühl kennen. Wer sich mit Rupert Neudeck befasst, kann nicht anders, als sich persönlich dazu verhalten, ist die erste Botschaft dieser Rede.

Ein Leben für andere

2. Der Trauerredner erzählt von Rupert Neudecks Leben für andere, seinem Einsatz mit der Cap Anamur, seiner Bereitschaft, auch dann zu helfen, wenn niemand sonst mehr da war. Er habe sich darin eine Art Ursprungsimpuls des Menschlichen aufbewahrt, den jeder von uns kenne:

> »Früher nannte man solche Menschen Heilige, und wo immer über sie geschrieben wurde in der Geschichte der Religionen, fiel auf, dass sie etwas Kindliches ausstrahlen, dass sie ein bisschen wie Kinder sind. Woher kommt das? Ich glaube, es kommt daher, dass sie sich einen Impuls bewahren, den jeder von uns kennt, dem jeder oft nachgibt, oft aber auch nicht: den Impuls, dem die Hand zu reichen, der unserer Hilfe bedarf, den menschlichsten Impuls überhaupt. ›Und wenn ihr nicht werdet wie die Kinder, so werdet ihr nicht ins Himmelreich kommen‹, heißt es im Neuen Testament. Es war der Lieblingsvers von Rupert Neudeck.«

Man muss nicht alles geben

3. Das Menschenbild des Trauerredners ist ein positives: »Ich glaube, jeder von uns weiß von sich selbst, wie gut es tut, wenn wir gut zu anderen Menschen sind.« Dennoch bleibt der Redner realistisch, unser Herz sei weit, aber unsere Möglichkeiten begrenzt. Und genau das entspreche dem Grundprinzip der Religionen:

> »Denn die Religionen verlangen keineswegs von uns, alles zu geben, sondern immer nur einen bestimmten Anteil unseres Besitzes, unserer Kraft, unserer Fürsorge. ›Gott lastet keiner Seele mehr auf, als sie tragen kann‹, heißt es im Koran.«

Der Trauerredner ist Muslim mit einem weiten Herz für andere Religionen, auch für das Christentum. Er hat vor allem ein Herz für den Menschen und spricht ihn auf das an, was ihm möglich ist. Auf die Frage am Schluss, was wir tun können, antwortet er:

> »Ich glaube, es geht nur so, dass jeder von uns, jeder Einzelne, künftig ein bisschen mehr trägt als bisher. Allein schaffen wir das nicht, und ein mulmiges Gefühl genügt jetzt nicht mehr.«

Hier treffen wir auf einen »gütigen Realismus« (siehe oben 3.4), der sich homiletisch im »Respekt vor der Gottebenbildlichkeit des Menschen« (Engemann 2012, 115) äußert.

Von einem solchen gütigen Realismus her gedacht könnte das oben zitierte Eingangsgebet in etwa so formuliert werden (siehe dazu Liturgische Konferenz 2014, 193):

> »Von deiner Liebe, Gott, leben wir.
> Schenke uns Raum für alles, was in uns ist:
> Die Kraftlosigkeit,
> die Ohnmacht, den Zorn,
> die vielen ungelösten Fragen.
> Lass uns gewiss sein,
> dass uns dein Licht auch in dieser dunklen Zeit entgegenkommt.«

4.5 Trauerpredigt

In Maarten ‘t Harts Buch über seine Mutter »Magdalena« gibt es eine aufschlussreiche Passage über das Trauergespräch anlässlich ihres Todes (‘t Hart 2015, 258–262). Es ist von Beginn an nicht einfach: »Wir sahen einander an, mein Bruder, meine Schwester und ich. Wie konnten wir, wenn wir von ihr erzählten, all die heiklen Themen vermeiden, vor allem die bis zu ihrem Tod fortwuchernde Fehde mit meinem schon vor langer Zeit verstorbenen Vater?«

Nach mehreren mühsamen Anläufen erzählt der niederländische Schriftsteller von der Liebe seiner Mutter zu den Psalmen und dem Schmerz, als deren »alte Bereimung« aufgegeben wurde, das habe ihr das »Rückgrat ihres Glaubens« gebrochen. Das Trauergespräch, das glücklos beginnt, geht glücklos weiter: »Aber Ihre Mutter«, so wendet der Pastor ein: »wird doch nicht nur gesungen haben, sie hat doch bestimmt auch über ihr Glaubensleben gesprochen. Und was hat sie dann gesagt?«

»Sie sprach nie darüber, schaltete mein Bruder sich ein. Wirklich nicht. Sie sagte immer nur: Man muss glauben wie ein Kind.« Nun stellt sich Ratlosigkeit ein, auch beim Pastor: »Aber was soll ich dann in meiner Predigt sagen?«

Die Trauerfamilie kommt zu folgendem Schluss: »Sagen Sie doch etwas über ihren treusorgenden Charakter, denn ihr war keine Mühe zu groß, uns zu verwöhnen. Sie war immer für uns da, Tag und Nacht.«

Die Lektüre der Eingangsszene hinterlässt den Eindruck, dass mehr hätte möglich sein können. Das tritt am Wunsch der Mutter hervor, Psalm 89,7 in die Trauerfeier aufzunehmen: »Das war«, so der Erzähler: »der Lieblingspsalm meines Vaters gewesen. War das [die Wahl dieses Verses, LF] am Ende eine versöhnliche Geste gewesen? Wurde bei ihrer eigenen Beerdigung auf ihn verwiesen? Mussten ihr ganzer Groll, all ihre Wut und ihr Hass doch noch in einem anderen Licht betrachtet werden?« Die Frage verbleibt im Inneren des Erzählers: »Merkwürdig, erneut um den Vater zu trauern, wenn die Mutter gestorben ist«.

Intuition und Risikofreudigkeit

Bestattungsgespräche leben neben allen kommunikativen und hermeneutischen Kompetenzen auch von pastoraler Intuition und Risikofreudigkeit. Diese sind hier nicht erkennbar. Der Pastor zieht sich auf Vertrautes zurück. So verspielt er die Chance, die familiäre Situation mit der biblischen Tradition verknüpfen zu können.

Probleme der Bestattungspredigt

Die Szene lässt Probleme der Bestattungspredigt erahnen. Sie ist nicht nur von dem Trauergespräch abhängig, sondern steht seit jeher unter dem Verdacht der Lügenrede.

Bis heute hat sich eine gewisse Skepsis gehalten. In dieser Situation können Theologie und Kirche von der spätmodernen Literatur lernen, in ihrer Trauerpredigtpraxis in selbstkritischer Bescheidenheit das Geheimnis von Lebensgeschichten offenzuhalten. In den Blick gerät die biografische Episode (Friedrichs 2016, 29–34; siehe auch Kunz 2014, 112–122). Mit Bezug auf das literarische Beispiel »Magdalena« können drei Aspekte hervorgehoben werden:

die biografische Episode

1. *Blick hinter konventionelle Muster:* »Sie war immer für uns da«, sagt die Trauerfamilie in »Magdalena«. Das Bedürfnis ist verständlich. Um aber nicht gesellschaftliche Bedürfnisse oder Normen einfach nur zu bestätigen, muss die Bestattungspredigt versuchen, nach dem Leben hinter solchen Mustern zu fragen. In Maarten 't Harts »Magdalena« wäre die Liebe der Mutter zu den Psalmen in alter Reimung vermutlich eine Spur, die von diesem Leben hinter der »Fassadenwelt« (Luther 1998, 163 f.) etwas verraten hätte.

2. *Unser Wissen ist Stückwerk*: Die biografische Bestattungsrede ist eine Gratwanderung. In eindrücklicher Weise macht das literarische Beispiel deutlich, wie abhängig sie von einem vertrauensvollen Trauergespräch und dem Mut ist, sich auf das Leben mit seinen Brüchen wirklich einzulassen. Nötig ist ein sensibles Bewusstsein für die Unverfügbarkeit des Lebens, die von der Literatur ebenso wie von der Theologie gesehen wird, klassisch von Paulus: »Denn unser Wissen ist Stückwerk« (1 Kor 13, 9).

Die Angst der Hinterbliebenen vor der Macht letzter pastoraler Worte darf ebenso wenig unterschätzt werden wie die Angst der Seelsorger*innen, sich den existenziellen Fragen des Lebens wirklich zu öffnen. Angst ist vermutlich die wesentliche Ursache für das Misslingen der Begegnung im literarischen Fallbeispiel. Auch die Versuchung, deutend über ein vergangenes Leben zu verfügen, muss selbstkritisch bedacht werden. Von der literarischen Spätmoderne können Kirche und Theologie lernen, mehr im Modus des Fragens und Suchens zu sprechen als im Modus des Behauptens oder Belehrens.

3. *Gott freifantasieren:* Wer biografisch erzählt, kann nicht anders, als das Leben erfinden. Fiktion sollte aber hier nicht als Gegensatz zu Wirklichkeit oder Wahrheit aufgefasst werden. Fiktionalität kann realitätsvertiefendes Potenzial haben. Im Trauergespräch wird der Fokus damit auf biografische Episoden gelenkt, die zum Vorschein kommen, wenn im Trauergespräch Erinnerungsarbeit geleistet wird.

Dazu zwei Beispiele:

Zunächst nenne ich eine Episode, die einer Trauerfamilie beim Erzählen aus der Lebensgeschichte ihrer verstorbenen Mutter eingefallen ist: »Das Kind auf der Milchbank sitzend und singend«. Was verrät ein solcher Kindheitsort über Schmerz und Sehnsucht der Verstorbenen? Was ist der Kindheitsort derer, die trauern? In der Trauerpredigt bin ich diesen Fragen nachgegangen und habe versucht, Gott freizufantasieren (Friedrichs 2013, 131 f.):

Das Kind auf der Milchbank

> »Anna auf einer Milchbank sitzend und singend. So haben Sie sie erinnert. Und es ist dieses Bild, das ich mitgenommen habe: Ich habe sie nicht gekannt, aber so, wie Sie erzählt haben, ist etwas von ihr lebendig geworden, etwas von dem, was sie Ihnen als Mutter mitgegeben hat, bei allem, was schwer war und ist, ein Grundvertrauen, eine Zuversicht in das Leben, eine Dankbarkeit, die sieht, dass wir viel, aber nicht alles machen können, dass wir Verantwortung haben, aber nicht für alles verantwortlich sind.
>
> Wie oft wird sie sich in ihrer Erinnerung auf diese Bank ihrer Kindheit gesetzt haben?
>
> Wie oft wird sie sich dort noch einmal hingesetzt, gesungen und gesprochen haben – mit sich und mit Gott? Wie oft wird sie ihre Wege Gott anbefohlen haben? Sie bleibt in ihrem Leben Gott verbunden und mag Lieder, weltliche und kirchliche, wie das, was wir gleich singen: *So nimm denn meine Hände.*«

»Ich hatte ein schönes Leben.«

Als zweites Beispiel nenne ich den Traum eines Verstorbenen, der der Bestattungspredigt von Pfarrer Lars Hillebold das Thema gab: »Ich hatte ein schönes Leben.« Kurz vor seinem Tod hatte ihm Herr K. aus seinem Leben erzählt, Geschichten und Deutungen kulminieren in dem geografischen Ort des X-Sees, der zu einem Symbol auch für die Trauergemeinde wird, die in den Blick gerät, »wo viele doch der Kirche eher fernstehen«:

»Glaube, Hoffnung, Liebe. Diese drei, doch die Liebe ist die größte unter ihnen. Diese Worte hat sich Herr K. gewünscht – für heute. Denn unser Wissen ist Stückwerk. Unser Glauben ist es doch auch. […]

Herr K. hatte in der letzten Zeit immer wieder einen Traum vor Augen, wie ein Bild vom X-See: *Ich sitze in einem alten Holzboot. Alt und doch sicher. Ich fahre über einen See an das andere Ufer. Das heißt, ich weiß gar nicht, ob ich fahre oder wer. Irgendwie bewegt das Leben sich und es kommt an. Ich komme an. Die Sonne scheint und wärmt. Es ist grün am Ufer, von dem ich losfuhr, und es scheint hell zu sein, da, wo es hingeht. Ich hatte ein schönes Leben. Wisst ihr, ich hatte ein wirkliches schönes Leben.*

… den X-See vor Augen. Die Hütten aus Holz. Kleine Zeichen, dass hier etwas von Menschenhand gebaut wurde. Ein fester Ort und doch begrenzt. Umgeben von machtvoller Natur, die von den Dingen erzählt, die vor uns waren und nach uns sein werden. Es mag eine Frage des Glaubens sein, ob ich das Schöpfung nenne. Es mag eine Frage meines Gottesbildes sein, ob die letzte Kurve dahin führt, wo Herr K. jetzt ist. An einen Ort, wo er jetzt gut sein kann. Es mag eine Frage des Gefühls sein, wie sehr mich dieses Bild anrührt. Letztlich aber ist es die Wirklichkeit, die Herr K. für sich gerne gesehen hat: der X-See. Der Ort, an dem so viel Leben Eurer Familie war und ist. Der Ort, an dem er aber auch begonnen hat, vom Abschied zu reden.«

Ich kehre zum Eingangsbeispiel zurück: Der Verweis auf Psalm 89,7 hätte vermutlich das Potenzial einer biografischen Episode gehabt, in der Gott hätte freifantasiert werden können, Gott als Perspektive der Güte verstanden, die die Härte der Realität aufbricht und ihr ein neues Gesicht gibt.

4.6 Heiligabend auf dem Friedhof

Formen der Trauerbegleitung

Es gibt unterschiedliche Formen der Trauerbegleitung (siehe oben 3.6). Hier stelle ich eine liturgische Form vor, die ich mit meiner Kollegin Anke Trömper 2016 entwickelt habe und seitdem durchführe.

»Heiligabend ist eine ganz besondere Zeit. Das Licht der Kerzen, die Klänge der alten Lieder, die Erzählung vom Kind in der Krippe wecken die Sehnsucht nach Licht, Wärme, Gemeinschaft und Frieden. Für Trauernde kann der Gottesdienst an Heiligabend manchmal schwer sein: Halte ich es aus, mit anderen Familien zu feiern? Was ist mit meiner Trauer? Werde ich weinen müssen? Und was denken die anderen? So kann sich in die Sehnsucht nach Licht und Trost Angst mischen: vor zu viel Menschen, vor zu viel Fröhlichkeit oder davor, die Situation nicht aushalten zu können.

Gott ist in der Nacht geboren und sein Licht ist denen erschienen, die im Finstern wandeln. So bieten wir einen Weihnachtsgottesdienst für Trauernde auf dem Friedhof an. Mit den vertrauten Texten und Liedern. Aber ohne Krippenspiel. Dafür mit viel Zeit für Erinnerung und Besinnung in einer Gemeinschaft, in der sich Trauernde aufgehoben fühlen.«

Heiligabendgottesdienst

Mit diesem Text haben wir 2016 erstmals zu einem Heiligabendgottesdienst in die weihnachtlich geschmückte Friedhofskapelle in Kassel-Harleshausen unter dem Motto »Ich steh an deiner Krippen hier« eingeladen. Der Friedhof ist um die Mittagszeit belebt: Viele Menschen kommen und besuchen die Gräber ihrer Verstorbenen. Deshalb haben wir uns entschieden, den Gottesdienst um 14 Uhr beginnen zu lassen.

Nähe zu Verstorbenen

Die Trauernden haben die Möglichkeit, bei besinnlicher Musik mit Cello und Klavier für ihre Verstorbenen eine Kerze anzuzünden und sie an die Krippe zu stellen. Es ist sehr berührend, zu sehen, wie Menschen hier die Nähe zu ihren Verstorbenen und – im Kind in der Krippe – die Nähe zu Gott suchen. Hoffnung ist in diesem Gottesdienst als eine Hoffnung der leisen und zarten Töne zu spüren.

Werbung

Die Vorbereitung ist unaufwändig. Der Gottesdienst konzentriert sich auf das Elementare des Weihnachtsfestes. Im Zentrum steht das Anzünden der Kerzen für die Verstorbenen: Das, was im Lied gesungen wird, wird in einer emotional dichten Atmosphäre tatsächlich getan. Wichtig im Vorfeld ist die Werbung für dieses Angebot: mit Flyern im Totensonntaggottesdienst und bei den Bestattern, mit Plakaten in Schaukästen auf den Friedhöfen und bei Hospizvereinen sowie einer Ankündigung in der örtlichen Presse.

Liturgie

Musik zum Anfang

Einstimmung

Der Friede Gottes sei mit uns allen. Amen.

Wir feiern Weihnachten.
Fürchtet euch nicht: Denn siehe,
euch ist heute der Heiland geboren.
In einer Krippe, arm und menschlich.
Sucht ihn nicht über den Sternen.
Sucht ihn, wo ihr Angst habt und traurig seid:
Da werdet ihr ihn finden,
wie eine Sternschnuppe in der Nacht,
wie eine tröstende Hand,
wie eine Stimme, die leise sagt:
Fürchte dich nicht.
(Nach Landeskirchenamt der Evangelischen Kirche von Kurhessen-Waldeck 1996, 70)

Lied EG 37: Ich steh an deiner Krippen hier, 2 Strophen

Gebet
Gott, gib uns Zeit,
gib uns Ruhe.
Hilf uns hören,
hilf uns feiern.
Lass es hell werden
in unserem Herzen,
in unserer Welt – durch deinen Sohn Jesus Christus. Amen.
(Landeskirchenamt der Evangelischen Kirche von Kurhessen-Waldeck 1996, 41)

Musik

Lesung: Lukas 2,1–20

Lied EG 37: Ich steh an deiner Krippen hier, 2 Strophen

Besinnung (siehe unten S. 114)

Kerzen für Verstorbene
Wir haben hier vorn eine Krippe aufgebaut.
Alle sind da:
Maria und Josef, das Kind und alle, die dazugehören.

Auch wir.
»Ich steh an deiner Krippen hier…«:
So haben wir es gesungen.
Wir laden Sie ein,
hierher zur Krippe zu kommen.
Sie können eine Kerze anzünden
für die Menschen, an die Sie heute denken.
Für Ihre Verstorbenen
und auch für die, die Ihr Gebet heute brauchen.

Kerzenritual/Musik

Fürbitten
Gott, du Licht der Welt,
gib, dass wir dein Licht auch in unserem Leben sehen.
Lass uns erfahren, dass unsere Suche keine Irrfahrt ist,
sondern ein Weg mit dir.
Zeige uns in diesen Weihnachtstagen,
wo wir dich finden können bei unseren Mitmenschen.
Leuchte in unser Leben, damit wir es annehmen,
so wie es ist, mit Dunkelheit und Licht.

Du bist Mensch geworden, Gott.
Wir danken dir für alle, die unser Leben teilen,
und auch für alle, die einmal da gewesen sind.
Wir danken dir für unsere Toten!
Du kennst ihre Namen!

Kurze Stille
Schenke uns Licht in unseren Herzen
und Glanz in unseren Familien,
in unseren Freundschaften, in unserer Stadt.

Gott, wir bitten dich für alle,
die es schwer haben in unserer Welt:
Für die Heimatlosen und die Menschen in den Kriegsgebieten,
für die Enttäuschten, die nichts mehr erwarten wollen,
für die Hartgewordenen, die anderen Gewalt zufügen.
Um Frieden bitten wir dich

und um Gerechtigkeit für alle Menschen.
(Nach Isolde Böhme, in: Friedrichs, 2013, 62 f.)

Vaterunser

Lied EG 46: Stille Nacht

Dank und Kollekte

Segen

Besinnung

Besinnung (Ausschnitte)
»Maria aber behielt all diese Worte und bewegte sie in ihrem Herzen.« Große Worte waren da gerade im kleinen Raum: »Fürchte dich nicht. Ich verkündige euch große Freude. Euch ist heute der Heiland geboren. Ehre sei Gott in der Höhe. Und Frieden auf Erden.«

Große, wunderbare Worte. Nach allem, was passiert ist. Wie sollen die Seele und das kleine Herz da noch mitkommen?

Fürchte dich nicht – in der Heiligen Nacht mischt sich dieses Wort leise hinein in die vielen anderen Worte. Mischt sich ein in Marias Herzensbewegung.

Was bewegt in diesen Tagen unser Herz? Vielleicht ist es das erste Weihnachten, das Sie jetzt erleben ohne den geliebten Menschen, der zu Ihrem Leben gehörte. Vielleicht haben Sie auch schon viele Weihnachten so erlebt und der Schmerz brennt nach wie vor. Vielleicht sind Sie auch aus anderen Gründen traurig und deshalb hierhergekommen. Weil Ihr Herz heute eher die leiseren Töne vertragen kann.

Gerade wenn ich traurig bin, wenn mir der Boden unter den Füßen wegzubrechen scheint, spüre ich mehr, und ich spüre, was ich spüre, intensiver. Was auch immer Sie gerade heute in Ihrem Herzen spüren und bewegen – es sind keine Kleinigkeiten.

Und da hinein – in Ihre Herzensbewegung: »Fürchte dich nicht! – Euch ist heute der Heiland geboren!«

4.7 »Ohne Würde ist der Mensch ein Nichts« – Modernes Memento Mori in Gemeinden

Diese Anregung für die Praxis richtet den Blick auf die kommunikative Grundform »Lehren und Lernen«. Es geht um Veranstaltungen, die einen Schwerpunkt im Bereich der religiösen Bildung haben.

Es gibt zahlreiche Formate und Ideen, die das Anliegen haben, eine Kultur des modernen Memento mori zu fördern: Mensch, erinnere dich, dass du sterblich bist. Dies ist nicht als ein moralischer Appell misszuverstehen, sondern als ein Beitrag zu dem, was der Soziologe Rosa »ein gutes Leben« nennt. Zu einem solchen guten Leben zählt die Einsicht in die eigenen Grenzen, in Widerfahrnisse und die Unverfügbarkeit des Lebens (siehe Rosa 2018, 68).

Mensch, erinnere dich, dass du sterblich bist

»Ohne Würde«, sagt Annelie Lorbeer in Seethalers »Feld«: »ist der Mensch ein Nichts. Solange es geht, sollte man sich selbst darum bemühen. Sobald es jedoch aufs Ende hin geht, kann einem die Würde nur mehr geschenkt werden. Sie liegt im Blick der anderen« (Seethaler 2018, 188).

In Gemeinden, Kitas, Schulen, Kooperationsräumen oder Regionen lassen sich verschiedene Formate denken, etwa:

- ein Familiengottesdienst mit Brunch zum Kinderbuch »Leb wohl, lieber Dachs« (Varley 2012);
- eine Einheit mit Konfirmand*innen zum Ausstellungsprojekt »Ein Koffer für die letzte Reise« (siehe Roth 2008);
- ein Themenabend mit Senior*innen »Abschied üben«, bei dem über Fragen des Umgangs mit Sterben, Tod und Bestatten gearbeitet wird.

Hilfreich ist, das Feld »Lehren und Lernen« auch für eine Kultur des Memento mori dreifach zu differenzieren (Liturgische Konferenz 2015, 113–122): *Formale Bildung* (beispielsweise in Schulen mit klaren Lehrplanzielen zum Thema »Tod«), *informelle Bildung* (Lernprozesse im Alltag, etwa im Gespräch mit einer Nachbarin über den Tod der Mutter) und *nonformale Bildung* (Impulse durch verschiedene Veranstaltungen für vorzugsweise selbstgesteuerte Lernprozesse, Beispiel: der Themenabend für Senior*innen).

Andacht zu Seethalers »Das Feld«

Die Anregung, die von der Andacht zu Seethalers »Das Feld« ausgeht, kann dem Feld der nonformalen kirchlichen Bildung zugerechnet werden, auch wenn klar ist, dass Projekte im Bereich Gottesdienst und Andacht nicht primär dem Bildungshandeln zuzurechnen sind; aber die von meiner Kollegin Katharina Scholl (Marburg) entwickelte Andacht macht in exemplarischer Weise deutlich, dass eben auch liturgisch-homiletische Formen einen nicht unwesentlichen Beitrag zu Fragen der religiös-kirchlichen Bildung leisten:[6]

> Wie das wohl wäre, wenn die Toten reden könnten? So viele Namen und Jahre in Steine gemeißelt, Grabplatz 48b, so steht's in der Friedhofskartei. 2,40 m × 1,20 m, und doch ist da die Fülle eines ganzen Lebens eingelassen. So viel Stille ist da überall unter dem Blätterrauschen der alten Bäume. Nur hier und da mal die dumpfen Tropfen des Wasserhahns auf nassen Stein. So viel Stille ist da, obwohl da so ein unendliches Meer von Geschichten ist. Wie das wohl wäre, wenn die Toten reden könnten?
>
> Wenn da Stimmen wären aus all den Gräbern, in Wächtersbach, in Hofgeismar, in Ostheim. Wie das wohl wäre, wenn die ersten Schritte, nachdem schon mal die Tassen in der Pfarrhausküche eingeräumt sind, auf den Friedhof führen, und wenn aus allen Gräbern gemeinsam der Klang des Dorfes tönen würde? Wenn wir sie hören könnten, die Geschichte, die Sehnsüchte und Hoffnungen der Toten. Wenn wir sogar die Geschichten hören könnten, von denen niemand jemals etwas wusste. Dort auf der kleinen Bank, in Dörnhagen, in Neapel, in Mengeringhausen.
>
> In Paulstadt gibt es so eine Bank. Paulstadt ist der Ort, an den uns der Autor Robert Seethaler in seinem neuen Buch führt. Der Roman beginnt mit eben dieser morschen Bank auf einem Friedhof und mit einem Mann, der Tag für Tag dort sitzt und fest daran glaubt, dass die Toten reden können. Und er malt sich aus, wie es wäre, wenn jede dieser Stimmen noch einmal Gelegenheit bekäme, gehört zu werden. In allen weiteren Kapiteln schreibt Seethaler die Geschichten auf, die die Toten erzählen könnten. Buchstabe für Buchstabe entsteht ein Bild des Ortes und seiner Bewohner. Ein Netz an Lebensweisheiten, so wie die, die der Vater aus dem Grab noch seinem Sohn weitergeben will. »Mach dir keine Mühe, die richtige Frau zu finden. Es gibt sie nicht. Sobald du glaubst, die richtige Frau gefunden zu haben, wird sie sich als die falsche herausstellen. Immerhin kannst du versuchen, in der Falschen so viel Richtiges zu finden, dass es Spaß macht. Das war es dann aber auch« (Seethaler 2018, 50).

---

6 Katharina Scholl danke ich herzlich dafür, dass sie mir Passagen aus ihrer Andacht für dieses Buch zur Verfügung gestellt hat.

Heldengeschichten gehören eigentlich in Romane. Solche, die Abenteuer erleben, als die großen Sieger hervorgehen, oder solche, die zumindest interessant scheitern. Nichts davon in Seethalers Roman. Die Menschen erleben die kleinen Glücksmomente, die kleinen Verzweiflungen, haben Sehnsüchte, die sich nicht erfüllen. Nichts steht mehr aus. Von hinten erzählt Seethaler ihre Geschichten. Dann, wenn alles schon passiert ist und nichts mehr erwartet werden kann.

Wie die Geschichte von Martha Avenieu:

»Als junges Mädchen schrieb ich lange Briefe an die Männer meiner Fantasie. Ich parfümierte die Seidenpapierbögen, steckte sie in unfrankierte Umschläge und warf sie mit pochendem Herzen in den Briefkasten. Ich frage mich, ob sie je geöffnet wurden. Später schrieb ich einen Roman, doch niemand wollte ihn zu Ende lesen. Ich verbrannte den Blätterstapel weit draußen in den Feldern. Als er fast zur Gänze verbrannt war, stieß der Wind in die Asche, und ich stand in einem Gestöber flatternder Schatten wie in einem Schwarm zarter, schwarzer Schmetterlinge.« (Seethaler 2018, 109)

Oder Annelie Lorbeer:

»Die Älteste zu sein, ist keine Leistung und kein Gewinn. Es stirbt sich mit 105 genauso wie mit fünfundachtzig oder mit zweiunddreißig, und der Preis für so ein langes Leben ist Einsamkeit. [...] Zum Hundertsten hat mir der Bürgermeister eine Urkunde und einen Strauß Blumen geschenkt. Was auf der Urkunde gestanden hat, weiß ich nicht. Bei der Zeremonie im Garten war ich die Einzige, die sitzen durfte. Das Sitzen hat mich sozusagen erhöht. An Musik kann ich mich nicht erinnern. Früher gab es immer eine Kapelle. Urkunden ohne Kapellen hat es praktisch nie gegeben. Aber die Musik hat irgendwann ihren Stellenwert verloren. Da, wo ich herkomme, haben die Leute nicht gesprochen, sondern gesungen. Das war schön. Wobei, eigentlich ist es mir auf die Nerven gegangen, immer dieser Singsang beim Reden. Als ob die Leute die Wirklichkeit wegsingen wollten. Schön war es trotzdem. Zum 105. ist keiner mehr gekommen.« (Seethaler 2018, 180 f.)

Oder Franz Straubein:

»Ein Haus. Vier Stockwerke. Achtundvierzig Stufen. Eine Fußmatte. *Willkommen zu Hause.* Ein Tisch mit Astlöchern. Zwei Fernseher (einer davon schwarzweiß). Ein Bild mit Meer, Wolken und Fischerboot. Ein anderes Bild mit Feldblumen. Zweiundzwanzig Aktenordner. Eine Kiste mit dreihundert Fotos (ungefähr). Neun Fenster, keine Vorhänge. Drei Antennen. Ein Vogelskelett. Ein einziger Blick ins Weite.

Sechs Grad unter Null und wieder einmal die Heizung kaputt. Eine hellblaue Tasse. Vier hauchzarte Risse. Eine ganze Menge Scherben. Zweihundertfünfzig Quadratmeter Garten. Achtzig Quadratmeter Beton. Drei Autos. Sechs Versicherungen. Keine Anzahlung. Zwölfmal Krankenhaus. Siebzehn Angehörige. Drei Frauen. Eine Liebe. Ein Sohn, der mich nicht kennt. Achtundsechzig Jahre und drei Monate. Ein Eintrag im Stadtregister. Ein Name. Zwei.« (Seethaler 2018, 149)

Seethaler erzählt nicht vom Himmelreich, keine Verwandlung nach dem Tod, keine großen Erlösungsgeschichten. Jedes Leben bleibt unwiderruflich, was es ist. Keine Kosmetik. […]

Wer Seethaler liest, bekommt ein Gespür für das Geheimnis des Lebens. Und das ist auch für uns, die wir an den Gräbern vom Leben erzählen, so wichtig: Die Leerstellen in einem Leben wahren. Weil die Toten, wenn sie selbst reden könnten, eben doch ganz anderes erzählen würden. Raum lassen für das Geheimnis, das man ahnen kann. Es geht doch meistens gar nicht um die großen Theologen-Worte. Auferstehung und Erlösung lassen sich nicht gewaltsam zwischen die dicht gedrängten Kugelschreibernotizen voll von Normalitäten eines Lebens pressen. Ich glaube fest daran, dass es genügt, hinzuhören, wie der Mann auf der morschen Bank, der daran glauben will, dass die Toten reden können. Ich glaube, dass wir so den Glanz entdecken. Die Würde, die große Tiefe, den ganzen Himmel.

5 Zehn goldene Regeln

1. Erinnere dich an etwas, was dich selbst getröstet hat.
2. Habe Mut, dich auf die Perspektive der Trauernden einzulassen.
3. Bitte die Trauernden, im Trauergespräch ein Bild aufzustellen und eine Kerze zu entzünden.
4. Wenn du die Lieblingsmusik der Verstorbenen nicht kennst, höre sie dir gemeinsam mit den Hinterbliebenen an.
5. Lies von Zeit zu Zeit Luthers Sermon von der Bereitung zum Sterben.
6. Sprich mit den Trauernden auf Augenhöhe und setze dich mit ihnen gleichsam auf die Treppenstufen vor der Kirche (Mr. May; siehe oben 2.7).
7. Suche nach Episoden, in denen die Perspektive der Güte die Härte der Realität aufbricht (»Gott freifantasieren«, siehe oben 4.5).
8. Bedenke den Satz: »Jeder, der geht, belehrt uns ein wenig über uns selber« (Hilde Domin).
9. Denke beim Schreiben der Trauerpredigt an Paulus: Unser Wissen ist Stückwerk.
10. Nimm dir Zeit für einen Trauerbesuch einige Wochen nach der Bestattung.

6 Besondere Fälle

6.1 Sternenkinder

Das Bestatten von Kindern, die vor, während oder kurz nach der Geburt gestorben sind (»Sternenkinder«), ist emotional höchst belastend: Wie können Eltern, Geschwister, wie können Familien es aushalten, sich von einem Kind zu verabschieden, das keine Chance zum Leben hatte?

Auch wenn es widersinnig erscheinen mag, ist es gerade das Ritual des Bestattens, das ein Sternenkind sichtbar macht und als Kind Gottes anerkennt. Nicht selten werden Sternenkinder in einem kleinen weißen Sarg bestattet, in dem das Unfassbare so aufgehoben erscheint, dass es angesehen werden kann:

kleiner weißer Sarg

> »Das Ritual macht einen Teil des Geschehens sichtbar. Der Unbegreiflichkeit und Unsichtbarkeit der ›stillen Geburt‹ (stillbirth) wird in einer transformierten Weise entgegengetreten und zwar so, dass der Anblick an sich erträglich ist. Eine Bestattung ist auch nicht peinlich oder beschämend. Sie ermöglicht einen würdevollen Abschied, der den Gefühlen der Eltern angemessen ist. Auch das Unvollendete und Unverständliche erhält eine sichtbare Würde. Die im Zusammenhang eines perinatalen Todes allzu häufig erlebte Scham kann so aufgehoben werden« (Morgenstern 2015, 419).

Rechtslage

Die Rechtslage lässt inzwischen einen Abschied von Sternenkindern in Würde zu. Sie ist unübersichtlich, da keine Einheitlichkeit zwischen den einzelnen Bundesländern besteht (siehe dazu den Service »Sternenkinder – Rechtliches« online bei Aeternitas e. V. o. J.). Strittig ist die Grenze zwischen Bestattungspflicht und Bestattungsrecht, in jedem Fall aber besteht heute ein Recht auf das Bestatten von Sternenkindern, auch wenn sie die Gewichtsgrenze von 500 Gramm unterschreiten.

Bestattungspflicht und Bestattungsrecht

Im Rahmen ihres Vikariats hat Pfarrerin Anna Scholz ein Praktikum an der Uniklinik in Marburg gemacht und an einem Trauergottesdienst für Sternenkinder teilgenommen. Von ihren Eindrücken und Beobachtungen erzählt sie im Rahmen einer Adventsandacht in der Elisabethkirche im Jahr 2015. Besonders deutlich treten die symbolischen Formen der Kommunikation hervor, das Zusprechen von Würde und das Anerkennen eines nichtgelebten Lebens – die Ärzte aus dem Klinikum verneigen sich vor dem kleinen Sarg:[7]

Trauergottesdienst für Sternenkinder

> Vorn steht ein kleiner weißer Sarg. 36 kleine Kinder liegen darin. Winzig kleine und größere. Die Kapelle füllt sich. Frauen kommen hinein, Paare. Die meisten in meinem Alter, manche etwas älter, manche jünger. Tränen in vielen Augen.
>
> Es sind Eltern und Geschwister dabei. Alle haben auf ein Kind gewartet. Voll Hoffnung. Und haben dann das Unerträgliche erfahren müssen: Dein Kind ist tot.
>
> Viele halten Blumen in der Hand. Blumen, die sie ihren Kindern mit auf den letzten Weg geben wollen.
>
> Die Orgel spielt. Die Pfarrerin begrüßt die Menschen. Viele weinen leise. Auch der Chefarzt und der Pathologe sind gekommen. Wenn ein Kind im Krankenhaus tot geboren wird, kommt es meistens in die Pathologie. Es wird untersucht, nach Ursachen für das Schreckliche geforscht.
>
> Der Alltag im Krankenhaus ist durchgeplant. Da ist kaum Zeit fürs Anteilnehmen, für das Schicksal und die Trauer des Einzelnen. Da fehlen oft die Worte, die trösten können. Ärzte lernen, wie man Leben rettet. Wenn es nicht mehr zu retten ist, sind sie oft sprachlos. Wie viele. Wie wir alle manchmal.
>
> Die Pfarrerin spricht einen Psalm. Psalm 139. *Deine Augen sahen mich, als ich noch nicht bereitet war und alle Tage waren in dein Buch geschrieben, die noch werden sollten und von denen keiner da war. Am Ende bin ich doch immer bei dir.* Gut, dass es diese Worte gibt, wenn es uns die Sprache verschlägt, denke ich plötzlich.
>
> Im Krankenhaus sind die totgeborenen Kinder Fälle. Manche nur Zellhaufen. Für die Eltern sind es Söhne und Töchter. Hier haben die Kinder Namen. Die Ärzte verneigen sich vor dem Sarg. Eine wichtige

7 Anna Scholz danke ich herzlich dafür, dass sie mir ihren Text für dieses Buch zur Verfügung gestellt hat.

Geste, die zeigt: Wir erweisen diesen Kindern und ihren Eltern die Ehre. Die zeigt: Wir sind auch manchmal machtlos. Wir verstehen eure Trauer. Auch wenn wir es in unserem hektischen Alltag im Krankenhaus oft nicht sagen können. Wir sind bei euch. Auch für uns haben eure Kinder Würde.

Jeder Name wird vorgelesen. Manche Namen klingen fremd. Ich schaue durch die Reihen. Sehe Gesichter aus vielen Teilen der Welt. Hier kommen sie zusammen. Sie alle wollen Abschied nehmen. Die Ärzte zünden für jedes Kind eine Kerze an. 36 Lichter. [...]

Viele der Eltern sind nicht in der Kirche, hat mir die Pfarrerin gesagt. Trotzdem sind fast alle gekommen. Vielleicht, weil sie hier Worte hören, die Trost spenden. Vielleicht, weil es guttut, wenn jemand stellvertretend Worte spricht, die man selbst nicht sagen könnte. Vielleicht, weil es tröstlich ist, zu sehen: Es geht auch anderen wie uns. Vielleicht weil es gut ist, zu spüren: Mein Kind ist nicht nur ein Fall in einer Krankenakte. Mein Kind hat einen Namen und wir haben eine Geschichte, die man erzählen kann. Auch wenn sie nur ganz kurz war.

Vielleicht auch, weil es wichtig ist, einen Ort zu haben, an dem die Trauer aufgehoben wird. So aufgehoben, dass man weiterleben kann. Einen Ort, an dem man den Schmerz ablegen und sich erinnern kann. Einen Ort des Abschieds, der es möglich macht, nach vorn zu schauen.

6.2 Früh verstorbenes Kind

Es gibt verschiedene Formen, Sternenkinder zu bestatten. Neben einer kollektiven Trauerfeier (siehe oben 6.1) ist es auch möglich, ein Kind, das vor, während oder kurz nach der Geburt gestorben ist, individuell zu bestatten.

Ein Kind zu bestatten, das gestorben ist, ohne gelebt zu haben, ist emotional sehr herausfordernd, auch für die, die bestatten. Alles, was für andere Bestattungen gilt, gilt auch hier, aber alles ist intensiver und fordert die Bereitschaft, sich auf sehr unterschiedliche Gefühle und Formen der Trauer einzulassen.

Der Name des Kindes spielt eine besondere Rolle. Auch ein Kind, das schon vor seiner Geburt gestorben ist, ist eine Persönlichkeit, die ihren eigenen Namen hat und Teil der Familie ist. Früh gestorbene Kinder, die nicht getauft werden können, können ihren Namen in einem »Namensgebungsritual« mit einer Segnung (und Salbung) erhalten (Evangelisch-Lutherische Kirche in Bayern 2007, 46–49).

In jüdisch-christlicher Tradition hat das Leben auch vor der Geburt seine eigene Würde: »Deine Augen sahen mich, als ich noch nicht bereitet war, und alle Tage waren in dein Buch geschrieben, die noch werden sollten und von denen keiner da war« (Psalm 139,16). In der Trauerfeier wird dieser Glaube, dass auch ein früh verstorbenes Kind ein Kind Gottes ist und bleibt, mit Bezug auf die individuelle Situation der Familie zum Ausdruck gebracht.

In der Spannung zwischen Intimität und Öffentlichkeit tendieren solche Trauerfeiern dazu, das Persönliche zumindest für einen kleineren Kreis öffentlich zu machen. Diese Form der öffentlichen Anerkennung fördert und unterstützt den Trauerprozess, wie aus dem folgenden Fallbeispiel von Pfarrer Lars Hillebold deutlich wird.[8]

Zur Situation: Emilia war ein Wunschkind ihrer Eltern; eine zweite Tochter und eine Schwester. Wenige Wochen vor der eigentlichen Geburt verstarb sie im Bauch ihrer Mutter. Die Geburt musste eingeleitet werden und Emilia wurde tot geboren. Kurz nach ihrer Geburt ist Emilia mit ihrer Familie gesegnet worden. Wichtig war der Familie, die Trauerfeier mit Texten und Liedern zu gestalten, die sie in der eigenen, privaten Trauer auch schon erlebt, gehört, gelesen hatten. Das Private wurde einen Moment öffentlich, so als gäbe es einen wechselseitigen Austausch, sodass sich die öffentliche Trauer mit der privaten hat vernetzen können.

Texte aus der Trauerfeier in Auswahl

Eröffnung

Wenn unser Schmerz bis zum Himmel reicht,
in unserer Ohnmacht,
unter allen Fragen,
in Sprachlosigkeit
sind wir zusammengekommen
für Emilia und für uns
im Namen Gottes, des Vaters und des Sohnes und des Heiligen Geistes.
Amen.

8 Lars Hillebold danke ich herzlich dafür, dass er mir Texte aus der Trauerfeier für dieses Buch zur Verfügung gestellt hat.

Wir nehmen Abschied von Eltern, die große Schwester, die Großeltern,
Familie und Freunde, die Hebammen,
Menschen, die Euch und Emilia begleiten haben,
in den 37 Wochen Leben
und in den letzten Tagen und Stunden.

Persönliches Gedenken

»Wer unter dem Schirm des Höchsten sitzt
und unter dem Schatten des Allmächtigen bleibt …«,
erklang bei Emilias Abschied im Krankenhaus.
Ihr habt für Euer Kind einen Namen gesucht und gefunden.
Emilia.
Ein Kind, mit feinen Händen und Füßen … alles dran, fertig.
Gott, das tut weh.
Darum geben wir Emilia in all unserer Ohnmacht das mit, was wir können:
- den Segen Gottes
- unsere Liebe
- den Namen, der Ihre Liebe in sich trägt
- unsere Gebete und Wünsche werden zum Himmel steigen.

Gott ruft Emilia zu sich und bei ihrem Namen.
In den Himmel. Sie wird auf uns warten.
Wir werden uns wiedersehen.
Bis dahin leuchtet uns ihr Licht.
So entzünden wir ihre Kerze im Schein
und mit der Hoffnung der Auferstehung.

(Kerze entzünden)
Emilia, diese Kerze entzünden wir für Dich.

»Gott, lass warm und hell die Kerzen heute flammen,
die du in unsre Dunkelheit gebracht,
führ, wenn es sein kann, wieder uns zusammen.
Wir wissen es, dein Licht scheint in der Nacht.« (EG 65,4)

Ein Wort, das unsere Lippen verlässt,
und mit dem du Liebe empfängst,
durch die Nacht und das dichteste Geäst,
damit du und wir keine Ängste mehr kennst.
(in Anlehnung an: »Und wenn ein Lied« von Söhne Mannheims)

Darum segnen wir Dich:

(Zum Sarg)
Emilia, Gott, der Herr segne Dich und behüte Dich,
Gott, der Herr lasse sein Angesicht leuchten über Dir und sei Dir gnädig,
er erhebe sein Angesicht auf Dich und gebe Dir Frieden. Amen.

Aus der Predigt

»Wer unter dem Schirm des Höchsten sitzt und unter dem Schatten des Allmächtigen bleibt, der spricht zu dem Herrn: Meine Zuversicht und meine Burg, mein Gott, auf den ich hoffe.« (Psalm 91,1–2)

Was wäre, wenn dies Worte von Emilia sein könnten? Aus welchem Grund auch immer kam ich nicht ins Leben. Aber eben doch zu zwei Eltern. Sie waren und sind der Schirm für mein kurzes Leben.

Emilia hat Eltern gesucht und gefunden, die bei allem Schmerz die Gabe und die Kraft haben, diese Last zu tragen. Ein Leben, das nicht älter werden konnte als 37 Wochen. Ein Leben, das gerade in dieser kurzen Zeit geliebt werden wollte und geliebt wurde. Ein Leben, das alles Recht hat, so geachtet und so verabschiedet zu werden, wie Sie das tun und gestalten.

Ihre zweite Tochter: Emilia. Das wird sie immer sein und bleiben. Hat sie Sie gesucht? Hat Sie gerade in Ihnen zwei Menschen gefunden, die die Kraft haben und nicht daran zugrunde gehen, dass die Zeit mit ihr so kurz war. Zwei und drei, die in allem Schmerz trotzdem Danke sagen. So als würde Emilia sagen:

Ich habe Euch gesucht für mein kurzes Leben.
Ich habe Euch als Eltern gefunden für alle Zeit.
Nun reise ich schon weiter.
Aber meine Eltern, meine Familie bleibt ihr für ewig.

Gebet

Vater im Himmel,
wir kommen zu dir in unserem Schmerz.
Wir haben uns auf Emilia gefreut.
Wir haben sie voller Hoffnung erwartet.
Gott, Du hast sie uns gegeben.
Gott, Du hast sie wieder zu Dir genommen,
ehe sie das Leben in unserer Welt kennengelernt hat.
Wir haben ihr Liebe geschenkt in den Monaten,
die wir mit ihr haben konnten.

Wir wollten für sie sorgen und sie ins Leben führen.
Warum konnten wir sie nicht am Leben erhalten?

Dass wir sie gleich wieder hergeben mussten,
Gott, das tut unsagbar weh.

Wir haben Fragen,
auf die wir keine Antworten wissen.
Steh uns bei.
Nimm dieses Kind zu dir,
und lass es deinen Himmel schauen.
Für uns bitten wir Dich:
gib uns Kraft, wenn wir heute Abschied nehmen,
und Hoffnung, die uns trägt.

6.3 Ohne Angehörige

»Fast alle Menschen, auch die Armen, die ohne direkte Angehörige sterben, haben Menschen, die sie betrauern«, so der Berliner Pfarrer Peter Storck (zitiert nach: Kowalczyk 2019). Das erinnert an John Mays Anliegen, sich auf die Suche nach Hinterbliebenen zu machen, um ihnen einen gemeinsamen Ort der Trauer zu geben.

Ordnungsbehördliche Bestattungen

Ordnungsbehördliche Bestattungen werden Bestattungen von mittellosen Toten ohne Angehörige genannt. Es handelt sich um ein Bestatten auf Staatskosten, das in der Regel anonym stattfindet – ohne Trauerfeier, Namenstafel und Grabstein. Sie finden immer dann statt, wenn es nicht möglich ist, Hinterbliebene ausfindig zu machen, die nach dem Gesetz bestattungspflichtig sind.

Sozialamtsbestattungen

Davon zu unterscheiden sind *Sozialamtsbestattungen.* Darunter sind Bestattungen zu verstehen, bei denen es Hinterbliebenen aus finanziellen Gründen nicht möglich ist, ihrer Bestattungspflicht nachzukommen. Die Zahl der Sozialamtsbestattungen in Deutschland wächst; die Suche nach kleinen Bestattungsformen etwa nur am Grab und ohne Mietkosten für die Trauerhalle sind auch sozialökonomisch verursacht.

Auch wenn Unterschiede in Städten und Kommunen erheblich sind, stehen Ordnungsamtsbestattungen unter Kostendruck. In Berlin haben die Preise einen Tiefpunkt erreicht:

»Ein aus Holzplatten geklebter und getackerter Sarg muss für die Einäscherung genügen. Anschließend kommen mehrere Urnen gleichzeitig unter die Erde, ohne Blumen und Musik, nichts, was zusätzliche Kosten verursacht.« (Kowalczyk 2019)

Das ist nicht immer so, auch in Berlin gibt es Unterschiede. Aber nach den behördlichen Rahmenbedingungen muss diese Form des Bestattens so kostengünstig wie möglich sein. Das kann auch bedeuten, dass der letzte Wille von Verstorbenen nicht berücksichtigt und sie aus Kostengründen gegen ihren Willen verbrannt und in einer Urne bestattet werden.

Der Anteil dieser Bestattungen am Gesamt der Bestattungen ist regional sehr unterschiedlich: Muss in Berlin mit etwa 3.000 Ordnungsamtsbestattungen pro Jahr (von insgesamt etwa 37.000 Bestattungen, also etwa 8 %) gerechnet werden, sind es in Kassel nur etwa 22 pro Jahr (von insgesamt etwa 1.700 Bestattungen, also etwa 0,2 %).

Initiativen

Schon vor längerer Zeit sind Initiativen entstanden, die die Bedingungen der Ordnungsamtsbestattungen nicht akzeptieren. Zumeist sind es Initiativen, die von Kirchengemeinden oder einzelnen Personen aus Kirchengemeinden ausgehen oder bei denen Kirchengemeinden mit anderen zusammenarbeiten, so beispielsweise die »Gottesdienste für Unbedachte« in Dortmund (in Kooperation mit der Stadt)[9] oder die »Tobiasbruderschaft in Göttingen«, die von fünf Kirchengemeinden und zwei Bestattungsinstituten getragen wird (siehe »Solidarität leben«, in: Friedrichs 2013, 52–56).

die Namen der Toten

Ziel dieser Initiativen ist, dass im Fall des ordnungsbehördlichen Bestattens die Namen der Toten nicht in Vergessenheit geraten (beispielsweise mit Namensstelen auf dem Friedhof) und sich Menschen, die sich ihnen verbunden fühlen, von ihnen im Rahmen einer Trauerfeier und kollektiven Urnenbeisetzung verabschieden können; zu diesen Feiern wird (mit einer Traueranzeige in der Lokalpresse) unter Nennung der Namen öffentlich eingeladen. Das Festhalten der Namen ist auch für diejenigen Hinterbliebenen ein Halt, die erst später von Tod und Bestattung erfahren, da sie keinen Kontakt mehr zu dem*der Verstorbenen hatten.

Zentrale Elemente

Zentrale Elemente dieser Trauerfeiern sind das Nennen der Namen, das Anzünden von Kerzen und der Abschiedssegen für die Verstorbenen.

9 Siehe dazu www.sanktreinoldi.de/gottesdienst/oekumenischer-gottesdienst-fuer-unbedachte.html (Zugriff am 15.05.2020).

Ordnungsbehördliches Bestatten kann auch in einer Form stattfinden, in der einzelne Verstorbene bestattet werden, beispielsweise unter Einbezug der Friedhofsmitarbeitenden (siehe dazu Sauerwein, in: Friedrichs 2013, 56–59); für einen solchen Fall formuliert die Bestattungsagende der Pfalz den folgenden »Abschied in Frieden« (Bestattung Pfalz 2019, 264):

»N.N., einsam bist du gestorben,
an deinem Grab stehen nun Menschen,
die du nicht kennst
und die dich nicht gekannt haben.
Auch du hast mit Menschen gelacht
und hast geweint mit Menschen,
die dir vertraut gewesen sind.
Was in deinem Leben gelungen ist und
wo du gescheitert bist,
wissen wir nicht.
Wie wir Gottes Vergebung brauchen,
bist auch du angewiesen auf Vergebung.
Wie wir verletzt werden in unserem Leben,
bist auch du verletzt worden.
Darum brauchen wir Gottes liebevollen Blick
auf dich und auf uns.
Wir nehmen Abschied in Stille.«

> Ordnungsbehördliches Bestatten ist auf zivilgesellschaftliches Engagement, kirchliche Initiativen und das Nutzen von Ermessenspielräumen der Ordnungsamtsbehörden angewiesen.

Was Pfarrer Storck von einer Frau aus seinem Bezirk berichtet, erinnert in gewisser Weise an John May, der sich ein Leben lang für andere eingesetzt und beinahe allein beigesetzt worden wäre, hätten sich nicht – im Traum – all die versammelt, um die er sich als reisender Bestatter gekümmert hatte:

»Sie hat alleine gelebt, war Intensiv-Krankenschwester, hat sich ein Leben lang um andere gekümmert. Jetzt wäre sie allein gestorben, aber Nachbarn haben sie aufgenommen und haben sie im Sterben begleitet. Wunderbar. Und sie hat in ihrem letzten Willen aber zum Ausdruck gebracht, dass sie auf einem bestimmten Friedhof beerdigt werden will und die Mehrkosten, die tragen jetzt Freunde, Bekannte usw. Und da ist das Ordnungsamt durchaus auch bereit, also so zu kooperieren, dass das Ordnungsamt seinen Teil zahlt und die Freunde und Angehörigen die Mehrkosten.« (zitiert nach: Kowalczyk 2019).

6.4 Werkstattimpuls einfach reden

2009 ist in Deutschland die Menschenrechtskonvention für die Rechte von Menschen mit Behinderungen in Kraft getreten. Der Zugang zu öffentlicher Kommunikation für Menschen mit Verstehensschwierigkeiten ist darin eine zentrale Forderung, die in etliche Rechtsnormen Eingang gefunden hat.

einfache Sprache

Die Forderung nach einer einfachen, verständlichen Sprache betrifft auch die kirchliche Bestattungspraxis (Gidion 2019, 150–157). Die vorliegende Übersetzung des Anfangs einer Predigt von Eduard Thurneysen stammt von Anne Gidion, die in ihrer Arbeit als Pastorin des Diakonischen Begegnungszentrums »feuerherz« in der evangelischen Stiftung Alsterdorf für Fragen der Inklusion in der Kirche sensibilisiert worden ist:[10]

> »Für Trauerfeiern dort war wesentlich, dass sie ›inklusiv‹ ausgerichtet waren, also verständlich für Menschen mit und ohne Behinderung. Die Regeln der Leichten Sprache habe ich zu dieser Zeit noch nicht konsequent angewandt, aber möglichst einfache Sprache und klare Bilder waren in dieser Situation wichtig« (Gidion 2013, 40).

Die folgende Übersetzung des Anfangs einer klassischen Trauerpredigt soll nicht nur einen Einblick in eine inklusiv denkende kirchliche Praxis geben. Sie versteht sich auch als Werkstattimpuls für die Arbeit an einer verständlichen Sprache in der Trauerarbeit insgesamt.

---

10 Anne Gidion danke ich herzlich dafür, dass sie bereit war, für dieses Buch einen Ausschnitt einer Bestattungspredigt Thurneysens in Leichte Sprache zu übersetzen.

Übersetzung einer klassischen Predigt

Eduard Thurneysen: Wir haben einen guten Herrn über uns. Das ist Wohltat, Trost und Befreiung. Ansprache, gehalten in Basel bei der Beerdigung einer 83-jährigen Frau, Text: »Der Herr ist mein Hirte, mir wird nichts mangeln …« (Psalm 23,1–4) (Thurneysen o. J., 46 f.)
– übersetzt in Leichte Sprache (eingerückte Passagen)

Gewiß hat die liebe Heimgerufene diesen Psalm gekannt. Es ist der große Trostpsalm, nach dem wir alle immer wieder greifen. Und es ist kein schwacher, es ist ein starker, ein frohmachender Trost, der uns hier geschenkt wird.

> XX ist gestorben. Sie hat diesen Text aus der Bibel gekannt. Das glaube ich. Es ist ein wichtiger Text. Viele kennen ihn. Dieser Text macht andere Menschen froh. Er macht sie stark. Er ist wie ein Geschenk.

»Der Herr ist mein Hirte!« Wir haben einen Herrn über uns. Ein Herr ist einer, der Macht und Gewalt hat. Der Herr, von dem die Bibel redet, hat alle Macht und Gewalt im Himmel und auf Erden. Es ist der ewige Gott.

> »Der Herr ist mein Hirte.« Das sagt jemand über Gott. Gott wird Herr genannt. Ein Herr bestimmt über andere. Die Bibel erzählt von Gott. Gott kann alles. Im Himmel und auf der Erde. Er war schon immer da. Er wird immer da sein.

Unser Leben ist in seinen Händen, und seine Hände sind starke, allmächtige Hände. Aber zugleich sind es barmherzige, gnädige Hände. Er, unser Gott, ist unser Hirte. Er beugt sich zu uns hernieder. Er sucht uns, er kennt uns, er will uns führen.

> Er sorgt für uns. Das kann er. In der Bibel wird das so gesagt: Unser Leben ist in den Händen von Gott. So stellen Menschen sich das vor. Gott kümmert sich um die Menschen. So, wie ein Hirte sich um seine Schafe kümmert. Ein Hirte kennt seine Schafe gut. Gott kennt die Menschen gut.

Zweimal heißt es in unserem Psalm: »Er führet uns«. Und eben dieses sein Führen wird beschrieben durch das Bild des Hirten, der seine Herde leitet auf rechter Straße und zum frischen Wasser. Keine Sorge, die wir ihm nicht anvertrauen, kein Leid, das wir ihm nicht übergeben dürften, keine guten Tage, die er uns nicht geschenkt hätte, aber auch keine dunklen Stunden, in denen er nicht für uns da sein wollte. Die ›rechten Straßen‹, auf denen er uns führt, sind keine glatten, ebenen Wege, aber es sind dennoch die rechten Wege, weil es seine Wege sind. Und darum müssen wir uns nicht fürchten auch im finsteren Tal. Wir wissen, du bist bei uns! [...]

In dem Text aus der Bibel steht: Gott führt uns. Das steht da sogar zweimal. Ein Hirte führt seine Herde aus Schafen. Der sorgt für sie. Die Herde läuft auf dem richtigen Weg. Die Herde bekommt Wasser. So sorgt Gott für uns. Wir machen uns Sorgen. Das sagen wir Gott. Uns tut etwas weh. Das sagen wir Gott. Manchmal sind wir glücklich. Das hat Gott uns geschenkt. Manchmal sind wir traurig. Das hat Gott uns auch geschenkt. Immer ist er für uns da. Im Bibel-Text steht: Gott führt uns auf dem richtigen Weg. Der Weg kann steil sein. Er kann anstrengend sein. Aber es ist der Weg von Gott. Wir können mutig sein. Wir können auf ihn vertrauen. Auch wenn es dunkel wird. Auch wenn wir ängstlich sind. Wir wissen: Gott ist da. Bei uns.

Wir fragen vielleicht: Gilt das wirklich? Dürfen wir uns so ganz einfach und zuversichtlich der Führung unseres Gottes überlassen und getrösten. Dürfen wir so zu ihm sprechen, wie es hier im Psalm geschieht: »Ich fürchte kein Unglück, denn du bist bei mir!« Diese fünf Worte »denn du bist bei mir« – woher weiß man, dass sie gelten? Darauf gibt uns die Bibel eine Antwort: Und diese Antwort ist ein Name, der Name Jesus Christus. Wohl steht der Psalm im Alten Testament, aber er weist hin auf Christus. Jesus selbst hat ihn gekannt und auf seine Lippen genommen. Er hat von sich gesagt »Ich bin der gute Hirte«. Dazu ist er, der Sohn Gottes, in diese Welt gekommen und ist unser Bruder geworden, hat unser Leben mit uns geteilt, ist hinuntergestiegen bis in die dunkelsten Tiefen, damit es keine Tiefe des Lebens oder des Todes gebe, in die wir stürzen können, wo wir nicht wissen dürften: Ich bin nicht allein gelassen, »denn du bist bei mir, dein Stecken und Stab trösten mich«.

Manchmal ist das schwer. Wir fragen: Geht das? Ist Gott wirklich da? Können wir ihm vertrauen? Im Bibel-Text steht: »Ich fürchte kein Unglück, denn Du bist bei mir.« Stimmt das wirklich? In der Bibel steht: das stimmt. Auch Jesus kennt diesen Text. Jesus ist der Sohn von Gott. Jesus sagt das auch: Ich bin der gute Hirte. Jesus gehört zu

Gott. Aber er gehört auch zu uns. Er war ein richtiger Mensch. Er hat wie ein Mensch gelebt. Er hat Schmerzen gehabt. Er ist gestorben. Und Gott war bei ihm. Immer.

Übersetzungsregeln

Die Übersetzung der Thurneysenschen Predigt konzentriert sich auf folgende Regeln der Wort-, Satz- und Textebene (nach Maaß 2015, 179–184); vereinfacht gesagt gilt es, möglichst kurze Worte aus dem Grundwortschatz zu verwenden:[11]

- Fach- und Fremdwörter bzw. Nominalstil werden vermieden.
- Passiv wird durch Aktiv ersetzt, Handlungsträger*innen sind zu nennen.
- Der Genitiv sowie Nebensätze werden aufgelöst – nur eine Aussage pro Satz.
- Konjunktiv und Präteritum werden vermieden.
- Wenig transparente Bilder und Metaphern gilt es, umzuformulieren, Negation (möglichst) zu vermeiden oder durch ein offenkundiges »nein« oder »nicht« hervorzuheben.
- Es sollen gleiche Worte für gleiche Sachverhalte verwendet werden – keine Synonyme.
- Der Text kann durch Addition und Reduktion länger bzw. kürzer werden, wenn semantische Ergänzungen erforderlich sind bzw. Sachverhalte zu komplex sind.

6.5 Trauern in der Schule - multireligiös

Die Überlegungen folgen dem Kapitel »Tod in der Schule« des Neuen Evangelischen Pastorale (Liturgische Konferenz 2014, 201–213) und sind um Hinweise zur multireligiösen und interreligiösen Situation erweitert.

11 In der vorliegenden Übersetzung habe ich auf die Regeln auf Zeichenebene (Mediopunkte, Heraushebung, nur eine Zeile pro Satz) und aus dem Bereich Typografie und Layout verzichtet. Auch habe ich die Übersetzung nicht von Prüfgruppen aus dem Feld der primären Adressat*innen Leichter Sprache gegenlesen lassen; insofern stellt die Übersetzung eine subjektive Übertragung des vorliegenden Textes mithilfe des Regelsystems dar – professionelle Leichte-Sprache-Übersetzer*innen würden möglicherweise anders agieren. (Anne Gidion)

Der Tod eines Schülers, einer Lehrerin, einer Sekretärin oder des Hausmeisters kann eine ganze Schule erschüttern. Der Tod unterbricht den Alltag, der Schulbetrieb kann nicht einfach fortgesetzt werden. Wie können gemeinsames Gedenken und Trauern gestaltet werden?

Der Tod unterbricht den Alltag

Denkbar sind Schulfeiern mit Elementen wie Musik, Erinnerungstisch, Pinnwände mit der Möglichkeit, Gefühle, Erinnerungen, Wünsche zum Ausdruck zu bringen.

Je nach Situation bietet sich eine christliche, zumeist ökumenische oder auch multireligiöse oder interreligiöse Schulfeier an. Auch betroffene Angehörige können eingeladen werden; Elemente dieser Feier können später in die öffentliche Trauerfeier aufgenommen werden.

Die Trauerfeier in der Schule ist eine Zwischenstation auf dem Weg zur Bestattung. Sie ist dadurch veranlasst, dass sie den Gefühlen, die der Tod auslöst, Raum geben will. Dabei muss sie offen für unterschiedliche religiöse und weltanschauliche Einstellungen der Schüler*innen, Lehrer*innen und Mitarbeiter*innen der Schule sein. Sie ist nötig, um zum schulischen Alltag zurückkehren zu können.

Hilfreich ist die Unterscheidung von drei Grundmodellen der öffentlichen Trauerfeier für Menschen unterschiedlicher Religionszugehörigkeit (siehe Binder/Fendler/Goldschmidt/Reinbold 2016, 11f):

Feierformen liturgischer Gastfreundschaft

»*Feierformen liturgischer Gastfreundschaft:* Dieses Modell kommt in Frage, wenn christliche Kirchen in der Verantwortung sind oder angefragt werden, eine entsprechende Trauerfeier zu gestalten. […] Es zeichnet sich dadurch aus, dass die Feier vollständig in Verantwortung und Tradition der christlichen Kirchen gefeiert wird und differenziert nach unterschiedlichen Graden der Beteiligung.

Multireligiöse Feierformen

Multireligiöse Feierformen: Dieses Modell kann in Frage kommen, wenn anlässlich einer Katastrophe oder eines anderen öffentlich relevanten Trauerfalles unter den Verstorbenen oder Angehörigen sich Mitglieder dieser beteiligten Religionen befinden, zwei oder mehrere Religionen eine Trauerfeier gewissermaßen ›paritätisch‹ gestalten möchten oder von dritter Seite (etwa der politischen Gemeinde, dem Staat oder einem Verein) dafür angefragt werden. […]

Feier mit Konfessionslosen

Feier mit Konfessionslosen: Ein drittes Modell, das formal zu den multireligiösen Feierformen gehört, obwohl es in ihm nicht um das Miteinander unterschiedlicher Religionen im engeren Sinne geht, wird hier mit einer eigenen Rubrik berücksichtigt. Es bezieht sich auf Trauersituationen, in denen eine Mehrheit der Beteiligten bzw. Betroffenen konfessionslos ist und diesem Umstand in Form besonderer ›Sensibilität für Konfessionslosigkeit/Religionslosigkeit‹ Rechnung getragen werden soll.«

> Die Frage einer schulischen Trauerfeier lässt sich nicht prinzipiell, sondern nur situativ lösen. Die idealtypische Unterscheidung in drei Grundmodelle hilft, die Situation besser verstehen und Entscheidungen treffen zu können.

Das betrifft nicht nur die religiöse Frage, sondern auch die Gestaltung einer solchen Feier überhaupt. Es ist wichtig, unter anderem folgende Fragen zu klären:

- Wo soll die Feier stattfinden?
- Wer soll dem Team angehören, das die Feier vorbereitet? Wer übernimmt welche Aufgaben? Wer übernimmt welche Sprecher*innenrolle bei der Feier?
- Wie soll der Raum gestaltet werden? Worauf soll sich der Blick richten? Soll ein Tisch im Zentrum stehen? Wenn ja, wie soll er gestaltet sein? Mit Blumen? Mit Erinnerungsstücken?
- Ist es möglich, einen Chor, die Schulband, ein Kammerorchester oder einige Instrumentalist*innen zu beteiligen?
- Was war die Lieblingsmusik des*der Verstorbenen?
- Wie können die Hinterbliebenen in die Schulfeier einbezogen werden?
- Soll die Schulgemeinde später in der Trauerfeier mitwirken, etwa durch Zitate aus dem Erinnerungsbuch?
- …

Element der Erinnerung

Das Element der Erinnerung in einer solchen Trauerfeier kann von Schüler*innen (S 1–5) so gestaltet werden:

S 1
Wir hören Worte aus einem Gebetbuch
und erinnern uns an N.N.:

S 2
Beim Aufgang der Sonne
und bei ihrem Untergang
erinnern wir uns an sie/ihn

S 3
Beim Wehen des Windes
und in der Kälte des Winters
erinnern wir uns an sie/ihn

S 4
Beim Öffnen der Knospen
und in der Wärme des Sommers
erinnern wir uns an sie/ihn

S 5
Beim Rauschen der Blätter
und in der Schönheit des Herbstes
erinnern wir uns an sie/ihn

S 1
Zu Beginn des Jahres
und wenn es zu Ende geht
erinnern wir uns an sie/ihn

S 2
Wenn wir müde sind
und Kraft brauchen,
erinnern wir uns an sie/ihn

S 3
Wenn wir verloren sind
und krank in unserem Herzen,
erinnern wir uns an sie/ihn

S 4
Wenn wir Freude erleben,
die wir so gern teilen würden,
erinnern wir uns an sie/ihn

S 5
So lange wir leben,
werden unsere Toten auch leben,

denn sie sind nun ein Teil von uns,
wenn wir uns an sie erinnern.

(Nach: Tore des Gebets, Reformiertes jüdisches Gebetsbuch, in: Voss-Eiser 1997, 122 f.)

in multireligiösen Situationen

An »Trauern in der Schule« zeigt sich exemplarisch, inwiefern die Vertreter*innen der verschiedenen Religionsgemeinschaften herausgefordert sind, in multireligiösen Situationen situativ-dialogisch zu handeln.

Das betrifft nicht nur Trauerfeiern an Schulen, sondern mehr und mehr auch das Bestatten im engeren Sinn, da die Zahl religionsverschiedener Partnerschaften, Ehen und Familien in Deutschland wächst. Wie soll ein Verstorbener bestattet werden, der islamischen Glaubens war, und dessen Ehefrau zur evangelischen Kirche gehört? Oder das Kind einer jüdisch-christlichen Familie? Mit diesen Fragen kommt ein Praxisfeld in den Blick, in dem derzeit manches mit aller gebotenen Vorsicht ausprobiert wird; feste Formen haben sich noch nicht entwickelt.

Herausforderungen

Für die kirchliche Praxis stellen sich besondere Herausforderungen: Es geht um Kenntnisse der Bestattungsformen anderer Religionen ebenso wie um Sensibilität im Umgang mit verschiedenen religiösen Traditionen oder um Kreativität in der Frage, inwiefern sich Elemente aus verschiedenen Traditionen zu einer gemeinsam zu entwickelnden Form fügen können. Dabei gilt, was auch für die eigene Religion gilt: Es muss mit erheblichen Unterschieden und kontextuellen Veränderungsprozessen gerechnet werden, etwa bei der rituellen Waschung der Toten (siehe Zentrum Ökumene der EKHN 2009, 51).

Für den Fall einer islamisch-christlichen Trauerfeier ist denkbar, am Grab zunächst das islamische Totengebet zu sprechen, den Verstorbenen mit Erdwurf zu bestatten und im Anschluss eine evangelische Trauerfeier zu halten, die sich sensibel auf die muslimischen Gäste einlässt und im Vorfeld auslotet, ob und welche Formen der islamischen Beteiligung sinnvoll sind (siehe Reformierte Kirchen Bern-Jura-Solothurn, Fachstelle Migration/Katholische Fachstelle Kirche im Dialog 2009, 10 f.). Wird die Trauerfeier als eine Form der Trauerbegleitung verstanden, ist sie so zu gestalten, »dass das Gemeinsame zum Tragen kommt und das Trennende nicht zusätzlich schmerzt.« (Reformierte Kirchen Bern-Jura-Solothurn, Fachstelle Migration/Katholische Fachstelle Kirche im Dialog 2009, 3)

Kaum etwas ist in diesem Praxisfeld vorgegeben. Entscheidend ist, im Vorfeld die Situation, die Anliegen und religiösen Selbstverständnisse der Familien zu klären und zu Absprachen mit Imam, Rabbiner*in oder anderen Vertreter*innen der Religionsgemeinschaft zu kommen, der sich die Familien zugehörig fühlt.

6.6 Tiere

Können Tiere kirchlich bestattet werden? Zu dieser Frage hat sich eine kleinere Debatte im Zusammenhang des wachsenden Trends zu Bestattungen auf Tierfriedhöfen entwickelt. In den kontroversen Positionen spiegeln sich auch konfessionelle Differenzen.

Bestattungen auf Tierfriedhöfen

Die Frage nach dem Bestatten eines Tieres weckt bei mir die Erinnerung an ein Kindheitserlebnis:

Kindheitserlebnis

> Hansi, unser Kanarienvogel, war gestorben. Es war sehr traurig und für mich als Kind unfassbar, dass er nicht mehr da sein würde.
> Mein Vater spürte, wie traurig ich war. Und sagte zu mir: »Wir begraben ihn im Hof.« Für mich ist das einer der Sätze, den ich nie vergessen werde. Ob mein Vater gewusst hat, was der Hof mir bedeutete? Es war mein Kindheitsort. Der Hof hinter unserem Laden. Ein Ort der Geheimnisse. Der Freiheit. Der Molche in der mit Gräsern bepflanzten und mit Steinen ausgelegten Zinkwanne. Des Geruchs von frisch geröstetem Kaffee, der auf einen Mühlstein herabrieselte, wenn mein Vater die Kaffeemahlmaschine oben im Lagerraum reinigte.
> Der Hof: Ein schöner Ort. Es war mein Ort! Und hier fand unser Hansi seinen Platz.

Der Tod eines Haustieres rührt nicht nur Kinder, sondern auch Erwachsene an. Zu Haustieren entsteht oft eine emotionale Bindung. Sterben sie, ist es ein »bedeutender Verlust« (Lammer 2010, 9), der teils sehr heftig betrauert wird. Kann in einer solchen Situation nicht ein Ritual der Kirche trösten?

Tierbestattungen im Trend

Tierbestattungen sind im Trend. Laut Informationen des Bundesverbandes der etwa 160 Tierbestatter*innen in Deutschland ist damit zu rechnen, dass es derzeit rund 8,2 Millionen Katzen und 5,4 Millionen Hunde in Deutschland gibt. Von den rund 1,3 Millionen, die jährlich sterben, werde etwa die Hälfte auf Privatgrundstücken bestattet, ein Großteil der verbleibenden Tiere in einem Krematorium verbrannt; es gebe rund 120 Tierfriedhöfe mit etwa 10.000 Bestattungen im Jahr, Tendenz steigend (Bundesverband der Tierbestatter e. V. o. J.).

Können oder sollen die Kirchen diesen Trend aufnehmen und Haustiere kirchlich bestatten? Aufschlussreich sind die Argumentationen von Funkschmidt (2019) (contra/evangelisch) und Rosenberger (2017) (pro/katholisch). Sie lassen sich so zusammenfassen:

Tab. 8: Tiere kirchlich bestatten?

Tiere kirchlich bestatten?	Contra	Pro
Situation	Einsamkeit Vermenschlichung der Tiere, oft Kinderersatz	Einsamkeit nur ein Aspekt, Bedürfnisse der Familien
Verhältnis Mensch - Tier	Unterschiede werden betont (Person, Verantwortlichkeit)	Gemeinsamkeiten werden betont
Gefahren	Unterschiede werden verwischt	Kirche verschläft die Zeichen der Zeit
Theologie	Skepsis vieler Menschen ist theologisch korrekt; Auferstehung ist Sache des Glaubens (der Menschen)	Schlüsselstellen: Gen 1; Röm 8; »Laudato si« Papst Franziskus; Tiere haben einen Gottesbezug und sind erlösungsbedürftig
Bestattungsverständnis	Gottesdienst für Menschen	Requiem nicht möglich, aber: Kreuz, Osterkerze, Erdritus
Taufe?	nicht möglich	nicht möglich
Lösungsmöglichkeiten	(Seelsorgeangebot)	nur Haustiere

Die unterschiedlichen Positionen verdichten sich in Sätzen:

> »Wer Haustiere beerdigt, müsste sich fragen lassen, warum er sie nicht taufe« (Funkschmidt 2019, 23).

> »Der säkulare Trend zu Tierbestattungen ist immens. Man kann ihn als Zeichen der Zeit bezeichnen. Die Kirchen sollten dieses Zeichen wahrnehmen und sich fragen, wie sie es aufgreifen und gestalten können, anstatt sich einem sehr menschlichen Bedürfnis zu verschließen« (Rosenberger 2017).

Kirchenoffiziell

Kirchenoffiziell werden kirchliche Tierbestattungen derzeit abgelehnt. Noch stehen die Überlegungen nahezu am Anfang. Versucht man, es sich praktisch vorzustellen, treten Probleme offen zutage: Was ist mit der Trauerpredigt? Was mit Sätzen wie: »Ich bin die Auferstehung und das

Leben. Wer an mich glaubt …«? In seinem Pragmatismus hatte sich Luther für das Beisetzen der Asche in Wald oder Fluss aussprechen können, wenn ein Kriterium erfüllt sei: Dass dieser Ort eine Andacht zulasse.

> Nach evangelischem Verständnis ist für kirchliches Bestatten das Personsein der Verstorbenen wie der Hinterbliebenen zentral.

konfessionelle Differenzen

Zeichnen sich hier auch konfessionelle Differenzen ab, ist zu fragen, wie die »Zeichen der Zeit« aufgenommen werden können. Das Bestatten von Tieren muss nicht verkirchlicht werden. Als Kasualie mit Traueranzeige und Talar ist ein solches Ritual nicht vorstellbar. Gut vorstellbar hingegen sind Formen, die den Kasus dort unterstützen, wo er seinen Ort hat, nämlich in der Familie.

Noch ist derzeit unklar, wie stark das Bedürfnis nach einer solchen Bestattung überhaupt ist. Von meiner Kindheitserinnerung aus gedacht sind zwei Aspekte bedeutsam: Tiere mit Würde bestatten und ihnen einen guten Ort geben. Für mich sind daher Formen denkbar, die versuchen, diesen zwei Aspekten zu entsprechen – im familiären Kreis oder auf dem Tierfriedhof mit kirchlicher »Assistenz« (Rosenberger 2017), etwa einem Gebet. Auch Bildungsangebote sind denkbar, etwa Veranstaltungen der evangelischen Familienbildungsstätten zu Tierbestattungen für Familien oder Alleinstehende.

6.7 »There is a crack, a crack, in everything« – Bestatten in der Coronapandemie

Am Ende dieses Buchs soll ein kurzer Einblick in die Frage des Bestattens unter den Bedingungen der Coronapandemie seit Mitte März 2020 erfolgen.

Dramatik der Krise

In ihrer Fernsehansprache am 19. März 2020 wies Bundeskanzlerin Merkel auf die Dramatik der Krise hin: Das Coronavirus verändere »derzeit das Leben in unserem Land dramatisch«, die Lage sei »ernst und sie ist offen« (Presse- und Informationsamt der Bundesregierung 2020).

Zwei Monate später hat sich die Lage zwar verändert. Es ist gelungen, die Pandemie in Deutschland so einzugrenzen, dass derzeit versucht wird, schrittweise zur Normalität zurückzukehren, freilich einer »neuen Normalität« unter den Bedingungen von »social distancing«. Noch immer gilt, dass die Lage ernst und nach wie vor offen ist.

Einschnitte in der Bestattungspraxis

Zu Beginn waren drastische Einschnitte in der Bestattungspraxis erforderlich. Es kam zu emotional höchst belastenden Situationen. Sterbende durften nicht besucht werden, Trauerfeiern waren teilweise auf maximal fünf Personen begrenzt. Das, was bisher in der Trauerkultur selbstverständlich war, war ausgesetzt: soziale Nähe (Kondolenz) ebenso wie persönliche Zuwendung (in den Arm nehmen) oder die in der evangelischen Kirche eher mühsam errungenen »vielfältigen abschiedlichen Kontakte mit dem Verstorbenen« (Bestattung EKKW 2006, 13). Wie ist unter solchen Bedingungen kirchliches Bestatten möglich?

Auch in der Bestattungspraxis werden – je nach Bundesland verschieden – inzwischen Lockerungen zugelassen. Dennoch ist, wie beispielsweise in Hessen, für Trauerfeiern in einer Trauerhalle oder im Freien ein Mindestabstand von 1,50 m einzuhalten, Gegenstände zwischen Personen, die nicht einem gemeinsamen Hausstand angehören, dürfen nicht entgegengenommen und weitergegeben werden (so beispielsweise die Schaufel am Grab für den Erdwurf), die offiziellen Hygienevorschriften sind einzuhalten.

Handreichung »Kirchliches Bestatten in der Coronakrise«

In der Handreichung »Kirchliches Bestatten in der Coronakrise« einer Arbeitsgruppe der Evangelischen Kirche von Kurhessen-Waldeck werden verschiedene Ideen vorgestellt, unter anderem eine »Trauerfeier im kleinen Kreis«, deren Beginn so aussehen kann (siehe Evangelisches Studienseminar und Arbeitsgruppe der Liturgischen Kammer der Evangelischen Kirche von Kurhessen-Waldeck 2020, 8):

Liebe Trauerfamilie,
Wie schwer das ist: Heute hier zu sein.
In dieser Zeit, unter diesen Umständen.
Wir stehen weit auseinander.
Und eigentlich möchten wir doch nah beieinander sein.
Uns trösten, auch mit einer Umarmung, einem Händedruck.
Wichtige Menschen dürfen jetzt nicht hier sein:
Angehörige, Freunde, Nachbarn.
Sie fehlen. Ihr Dabei-Sein. Ihr Trost. Ihre Stimmen.
Und umgekehrt:
Wie schwer ist es, jetzt zuhause bleiben zu müssen.
Wir fehlen einander
Lasst uns beten.
Gott,
wir müssen Abschied nehmen von NN, unserer/unserem …

Wie schwer das doch ist.
Wir sind traurig. Wir wollen es gar nicht glauben.
So sollte der Abschied nicht sein.
Wir wollten doch beieinanderbleiben.
Bis zum Schluss. [Hatten es uns versprochen.]
Und dann war nichts so, wie wir es gehofft hatten.
Gott, warst du da, als NN starb?
Bestimmt. Ganz bestimmt warst du da.
Du hast versprochen, bei uns zu sein. Amen

Auch werden in der Handreichung Ideen dafür entwickelt, wie die, die bei der Trauerfeier nicht anwesend sein können, doch an ihr teilhaben können, etwa (siehe Evangelisches Studienseminar und Arbeitsgruppe der Liturgischen Kammer der Evangelischen Kirche von Kurhessen-Waldeck 2020, 13):

- »Vor der Trauerfeier können die Ansprache und das Fürbittengebet an Angehörige und Freund*innen verschickt werden.
- Jemand aus der Kirchengemeinde könnte den nächsten Angehörigen einen Strauß Blumen, eine schöne Kerze und eine persönlich geschriebene Karte vorbeibringen.
- Alle Angehörigen sollten wissen, wann die Trauerfeier beginnt und wann der Sarg/die Urne zu Grabe getragen wird. [...]
- Wenn die Trauerfeier beginnt, können Angehörige und Freund*innen eine Kerze anzünden und ein Bild des Verstorbenen an »seinem« Platz aufstellen. Vielleicht ist der Tisch schon gedeckt, um nach der Beisetzung gemeinsam etwas zu essen und zu trinken und sich Geschichten zu erzählen, die man mit dem Verstorbenen erlebt hat.«

Zur Zeit der Abfassung des Manuskripts ist nicht klar, wie sich die Pandemie weiter entwickeln wird, wann ein Impfstoff bereitstehen wird und wie Gesellschaft, Kultur und Kirche mit der Krise insgesamt umgehen werden. Offen ist auch, wie sich die Krise auf die Bestattungskultur als Ganze auswirken wird: Wird sie die schon vor der Krise bestehende Tendenz zu Trauerfeiern im kleinen Kreis und mithin deren Privatisierung befördern?

Sensibilität für das Unverfügbare

Weitere, auch grundsätzliche Fragen entstehen: Wird die Sensibilität für das Unverfügbare, die durch die Krise ausgelöst worden ist, die Gesellschaft nachhaltig verändern? Noch in ihrer ersten Phase hatte Bundespräsident Steinmeier in seiner Fernsehansprache zu Ostern am 11. April 2020 (Bundespräsidialamt 2020) gefordert, nicht im alten Trott zu verharren; die Welt nach der Krise werde eine andere sein: »Wie sie wird? Das liegt an uns!«

zentrale kulturelle und religiöse Herausforderung

Vielleicht wird an diesem Appell besonders deutlich, worin eine zentrale kulturelle und religiöse Herausforderung besteht, nämlich Sinn für die Grenzlinien des Lebens zu entwickeln: »Das Leben vollzieht sich als Wechselspiel zwischen dem, was uns verfügbar ist, und dem, was uns unverfügbar bleibt, uns aber dennoch ›etwas angeht‹; es ereignet sich gleichsam an der Grenzlinie« (Rosa 2018, 8). Dafür muss die Gesellschaft eine Offenporigkeit entwickeln, die in der Grunderfahrung der Krise, nämlich verwundbar zu sein, kein Defizit, sondern eine Art Türspalt dafür sehen kann, dass genau hier, in die Risse des Lebens, Licht fallen kann – wie es Leonard Cohen poetisch in seinem Song »Anthem« formuliert: »Ring the bells that still can ring // Forget your perfect offering // There is a crack in everything // That's how the light gets in.«

Literatur 7

1 Bestattungsagenden der Landeskirchen (ab 2000 in Auswahl)

Evangelischer Oberkirchenrat (Hg.): Agende für die Evangelische Landeskirche in Baden, Band IV: Bestattung, Karlsruhe 2002 (Bestattung EKiB).

Kirchenkanzlei der UEK (Hg.): Agende für die Union Evangelischer Kirchen in der EKD, Band 5: Bestattung, Bielefeld 2004 (Bestattung UEK).

Landeskirchenamt der Evangelischen Kirche von Kurhessen-Waldeck (Hg.): Agende IV. Die Bestattung, Kassel 2006 (Bestattung EKKW).

Landeskirchenrat der Evangelischen Kirche der Pfalz (Hg.): Kirchenagende. Kirchenbuch für die Evangelische Kirche der Pfalz (Protestantische Landeskirche) VII. Die Bestattung, Speyer 2019 (Bestattung Pfalz).

2 Handreichungen

Bildungskammer der Evangelischen Kirche von Kurhessen-Waldeck (Hg.): Verbindungen knüpfen – Bindungen stärken. Kirchliche Bildungsarbeit in zunehmender Konfessionslosigkeit, Kassel 2019, www.ekkw.de/media_ekkw/downloads/ekkw_verbindungen_knuepfen_bindungen_staerken_arbeitspapier_web.pdf (Zugriff am 15.05.2020).

Binder, Christian/Fendler, Folkert/Goldschmidt, Stephan/Reinbold, Wolfgang: Öffentliche Trauerfeiern für Menschen unterschiedlicher Religionszugehörigkeit. Eine Handreichung, Hildesheim 2016.

Evangelisch-Lutherische Kirche in Bayern (Hg.): Ein Engel an der leeren Wiege. Handreichung der Ev.-Luth. Kirche in Bayern zur seelsorgerlichen Begleitung bei Fehlgeburt, Totgeburt und plötzlichem Säuglingstod, München [2]2007, https://bestattung.bayern-evangelisch.de/downloads/ELKB-Ein-Engel-an-der-leeren-Wiege-2014..pdf (Zugriff am 15.05.2020).

Evangelisches Studienseminar und Arbeitsgruppe der Liturgischen Kammer der Evangelischen Kirche von Kurhessen-Waldeck (Hg.): Kirchliches Bestatten in der Coronakrise. Hinweise und Materialien für die Praxis, 31. März 2020, https://www.ekkw.de/media_ekkw/downloads/ekkw_texte_bestatten_in_coronakrise03-2020.pdf (Zugriff am 15.05.2020).

Kirchenamt der EKD (Hg.): Herausforderungen evangelischer Bestattungskultur, Hannover 2004.

Landeskirchenamt der Evangelisch-lutherischen Landeskirche Hannovers (Hg.): »... so sterben wir dem Herrn«. Eine Handreichung zur Bestattung für Pfarrämter und Kirchenvorstände, Hannover 2008.

Reformierte Kirchen Bern-Jura-Solothurn, Fachstelle Migration/Katholische Fachstelle Kirche im Dialog (Hg.): »Zu ihm kommt ihr alle zurück«. Handreichung für christlich-muslimische Trauerfälle. Bern [2]2009, http://www.refbejuso.ch/fileadmin/user_upload/Downloads/OeME_Migration/OM_Pub_christlich-muslimische_Trauerfaelle.pdf (Zugriff am 15.05.2020).

Röhring, Klaus/Kemler, Herbert (Hg.): Zeichen der Hoffnung angesichts des Todes. Theologische Erwägungen zum Umgang mit den Toten und zur Gestaltung der kirchlichen Bestattung, Kassel 2000.

Sekretariat der deutschen Bischofskonferenz (Hg.): Unsere Sorge um die Toten und die Hinterbliebenen. Bestattungskultur und Begleitung von Trauernden aus christlicher Sicht, Bonn [4]2000, www.dbk-shop.de/media/files_public/kfglmlwlm/DBK_1153.pdf (Zugriff am 15.05.2020).

Zentrum Ökumene der EKHN (Hg.): Lobet und preiset ihr Völker! Religiöse Feiern mit Menschen muslimischen Glaubens, Frankfurt/Main 2011.

3 Praxismaterialien

Barth, Friedrich Karl/Grenz, Gerhard/Horst, Peter: Gottesdienst menschlich. Eine Agende, Wuppertal 1990.

Gidion, Anne: Trauerfeier in einfacher Sprache mit Kerzenritual, in: Lutz Friedrichs (Hg.): Bestattung. Anregungen für eine innovative Praxis, Göttingen 2013, 40–45.

Gidion, Anne: Bestattung – Siehe, ich mache alles neu, in: Jochen Arnold/Christian Schwarz (Hg.), Gottesdienste zum Elementaren Kirchenjahr und zu den Kasualien in Leichter Sprache, GottesdienstPraxis Serie B, Gütersloh 2019, 150–157.

Heuerding, Barbara/Berger-Zell, Carmen (Hg.): Niemand soll vergessen sein. Bestatten – Gedenken – Erinnern. Ein Praxisbuch, Neukirchen-Vluyn 2017.

Liturgische Konferenz (Hg.): Neues Evangelisches Pastorale. Texte, Gebete und kleine liturgische Formen für die Seelsorge, Gütersloh [5]2014.

Liturgische Konferenz (Hg.): Zeit mit Toten. Eine Orientierungshilfe, Gütersloh 2015.

Pieske, Meike: Ev. Altenhilfezentrum Haus Werragraten – Breitungen, in: Barbara Heuerding/Carmen Berger-Zell (Hg.): Niemand soll vergessen sein. Bestatten – Gedenken – Erinnern. Ein Praxisbuch, Neukirchen-Vluyn 2017, 107 f.

Sauerwein, Sabine: Würde suchen. Sozialbestattungen mit Friedhofsmitarbeitenden, in: Lutz Friedrichs (Hg.): Bestattung. Anregungen für eine innovative Praxis, Göttingen 2013, 56–59.

Solidarität leben. Die Segensliturgie der Tobiasbruderschaft Göttingen, in: Lutz Friedrichs (Hg.): Bestattung. Anregungen für eine innovative Praxis, Göttingen 2013, 52–56.

Thurneysen, Eduard: Wir haben einen guten Herrn über uns. Das ist Wohltat, Trost und Befreiung, in: Walter Schlenker: Der Tod – Station auf dem Weg zu Gott, Tuttlingen o. J., 46 f.

Voss-Eiser, Mechthild (Hg.): Noch einmal sprechen von der Wärme des Lebens, Freiburg i. Br. [3]1997, 122 f.

Zink, Jörg: Trauer hat heilende Kraft, Stuttgart 1985.

4 Literatur

Aeternitas e. V.: Sternenkinder – Rechtliches, o. J., www.aeternitas.de/inhalt/kind_tod_trauer/sternenkinder/sternenkinder_rechtliches (Zugriff am 20.05.2020).

Albrecht, Christian: Kasualtheorie, Tübingen 2006.

Altmeyer, Stefan: Von Gott sprechen angesichts des Todes, in: Johann Pock/Ulrich Feeser-Lichterfeld (Hg.): Trauerrede in postmoderner Trauerkultur, Münster 2011, 73–94.

Bestattungen.de: Wenn die Worte fehlen. Das waren die Top 10 der Trauerhits 2019, www.bestattungen.de/ueber-uns/presse/pressemitteilungen/wenn-die-worte-fehlen-das-waren-die-top-10-der-trauerhits-2019.html (Zugriff am 15.05.2020).

Bieritz, Karl-Heinrich: Bestattungsrituale im Wandel, in: Thomas Klie (Hg.): Performanzen des Todes, Stuttgart 2008, 121–157.

Blume, Cäcilie: The final Countdown. Populäre Musik bei evangelischen Bestattungen, in: Thomas Klie/Martina Kumlehn/Ralph Kunz/Thomas Schlag (Hg.): Praktische Theologie der Bestattung, Berlin u. a. 2015, 395–409.

Böhm, Jens/Scherle, Peter: Berufen – Gesegnet – Gesendet. Ordination und Pfarrdienst – ein Vorschlag für die Diskussion über die Rahmenbedingungen in der EKHN (Teil 1), in: DtPfBl 120 (2020), 73–82.

Brock, Christian/Bergel, Maxi/Kaatz, Christopher: Was ist eigentlich eine Dienstleistung? Ausgewählte Aspekte des Dienstleistungsmanagements, in: Thomas Klie/Jakob Kühn (Hg.): Bestattung als Dienstleistung, Ökonomie des Abschieds, Stuttgart 2019, 39–53.

Bühler, Maximilian: Empirischer Beitrag zum Bestattungsgespräch. Reden angesichts des Todes. Empirische Einblicke in Form und Funktion gegenwärtiger Bestattungsgespräche, in: Maximilian Bühler/Miriam Pönnighaus/Florian Volke (Hg.): Kasualgespräche im Wandel. Eine kirchliche Praxis im Spannungsfeld von Tradition und gesellschaftlichem Umbruch, Münster 2020, 247–303.

Bundespräsidialamt: Fernsehansprache des Bundespräsidenten zur Corona-Pandemie, 11. April 2020, https://www.bundespraesident.de/SharedDocs/Reden/DE/Frank-Walter-Steinmeier/Reden/2020/04/200411-TV-Ansprache-Corona-Ostern.html (Zugriff am 15.05.2020).

Bundesverband der Tierbestatter: Allgemeine Informationen, o. J., www.tierbestatter-bundesverband.de/presseinformationen/allgemeine-informationen/ (Zugriff am 22.05.2020).

Daiber, Karl-Fritz: Mitgehen. Pastoralsoziologische Einführung, in: Erhard Domay (Hg.): Beerdigung, Gottesdienstpraxis B., Gütersloh 1996, 10–18.

Doll, Christoph: Veränderungen in der Bestattungskultur und ihre Auswirkungen für Pfarrerinnen und Pfarrer, in: Heinzpeter Hempelmann/Benjamin Schließer/Corinna Schubert/Markus Weimer (Hg.): Handbuch Bestattung. Impulse für eine milieusensible kirchliche Praxis, Göttingen ^{2}2019, 114–121.

Ebertz, Michael N.: Getauft sein – Christ werden? Religionssoziologische Anmerkungen zur Asymmetrie der Perspektiven im Blick auf liturgische Akte, in: HD 54 (2000), 7–15.

Ebertz, Michael N./Eberhardt, Monika/Lang, Anna: Kirchenaustritt als Prozess; Gehen oder bleiben? Eine empirisch gewonnene Typologie, Münster 2012.

Engemann, Winfried: Einführung in die Homiletik, Tübingen/Basel ^{2}2011.

Engemann, Winfried: Vom Umgang mit Menschen im Gottesdienst. Probleme der impliziten liturgischen Anthropologie, in: EvTh (72) 2012, 101–117.

Eulenberger, Klaus: Musik bei Kasualien im Spannungsfeld zwischen lebensgeschichtlicher Bedeutung und ästhetischen Ansprüchen, in: PrTh 43 (2008), 98–104.

Evangelische Kirche in Deutschland (EKD): Ältere Menschen glauben seltener an ein Leben nach dem Tod, www.ekd.de/news_2016_02_26_02_leben_nach_dem_tod.htm, 26.02.2016, (Zugriff am 22.05.2020).

Fallet, Mareike/Holch, Christine: Hochzeit und Beerdigung. Warum der Bestatter mehr Freiheiten will als die Kirche. Chrismon im Gespräch mit Dorothea Greiner und Fritz Roth, in: chrismon 7 (2011), 26–29, https://chrismon.evangelisch.de/artikel/2011/hochzeit-und-beerdigung-%E2 %80 %93-wie-viel-eigensinn-tut-gut-und-wie-viel-tradition-11465 (Zugriff am 15.05.2020).

Fechtner, Kristian: Kirche von Fall zu Fall. Kasualpraxis in der Gegenwart – eine Orientierung, Gütersloh [2]2011.

Fechtner, Kristian: Kasualien, in: Kristian Fechtner/Jan Hermelink/Martina Kumlehn/Ulrike Wagner-Rau: Praktische Theologie. Ein Lehrbuch, Stuttgart 2017, 57–80.

Feige, Andreas/Schöll, Albrecht: Pastorale Praxiskonzepte in professionssoziologischer Analyse, in: Bernhard B. Dressler/Andreas Feige/Dietlind Fischer/Dieter Korsch/Albrecht Schöll: Innenansichten. Zum professionellen Umgang mit Religion im Pfarramt, Leipzig 2017, 157–188.

Fendler, Folkert/Klie, Thomas/Sparre, Sieglinde (Hg.): Letzte Heimat Kirche. Kolumbarien in Sakralräumen, Leipzig 2014.

Friedrichs, Lutz: Kasualpraxis in der Spätmoderne. Studien zu einer Praktischen Theologie der Übergänge, Leipzig 2008.

Friedrichs, Lutz: Die Bestattungspredigt zwischen Einstimmung und Einspruch. Eine rhetorisch-theologische Verortung, in: PTh 101 (2012), 407–423.

Friedrichs, Lutz (Hg.): Bestattung. Anregungen für eine innovative Praxis, Göttingen 2013.

Friedrichs, Lutz: Die kirchliche Bestattung: Tradition im Wandel, in: Thomas Klie/Martina Kumlehn/Ralph Kunz/Thomas Schlag (Hg.): Praktische Theologie der Bestattung, Berlin u. a. 2015, 63–85.

Friedrichs, Lutz: Gott »freiphantasieren«: Zur religiösen Deutung der Biographie in der Bestattungspredigt, in: epd dokumentation 24/2016, 29–34.

Friedrichs, Lutz: »Sie spielen mit«. Liturgischer Kommentar zu Reden angesichts des Todes. Empirische Einblicke in Form und Funktion gegenwärtiger Bestattungsgespräche, in: Maximilian Bühler/Miriam Pönnighaus/Florian Volke (Hg.): Kasualgespräche im Wandel. Eine kirchliche Praxis im Spannungsfeld von Tradition und gesellschaftlichem Umbruch, Münster 2020, 335–351.

Funkschmidt, Kai: Wer Haustiere beerdigt, müsste sie eigentlich auch taufen, in: Loccumer Pelikan 4/2019, 22–23.

Gerhards, Albrecht: Trauerrede als Mystagogie – Der liturgische Kontext, in: Johann Pock/Ulrich Feeser-Lichterfeld (Hg.): Trauerrede in postmoderner Trauerkultur, Münster 2011, 53–63.

Gerhards, Albrecht/Kranemann, Benedikt (Hg.): Christliche Begräbnisliturgie und säkulare Gesellschaft, Leipzig [2]2003.

Gräb, Wilhelm: Rechtfertigung von Lebensgeschichten. Erwägungen zu einer theologischen Theorie der Amtshandlungen, in: PTh 76 (1987), 21–38.

Gräb, Wilhelm: Lebensgeschichten, Lebensentwürfe, Sinndeutungen. Eine Praktische Theologie gelebter Religion, Gütersloh 1998.

Gräb, Wilhelm: Kasualien – religionstheoretisch betrachtet, in: Erich Garhammer/Heinz G Schöttler/Gerhard Ulrich (Hg.): Zwischen Schwellenangst und Schwellenzauber. Kasualpredigt als Schwellenkunde, München 2002, 51–69.

Grethlein, Christian: Grundinformation Kasualien, Göttingen 2007.

Grethlein, Christian: Kasualien als lebensweltbezogenes Konzept. Ein Beitrag zur Kontextualisierung des Evangeliums, in: DtPfBl 3 (2008), 123–127.

Grethlein, Christian: Kirchentheorie. Kommunikation des Evangeliums im Kontext, Berlin/Boston 2018.

Grözinger, Albrecht: »Religion und Biographie« in der Beerdigungspredigt – Kultur des Todes und Bestattungsritual, in: Albrecht Grözinger: Es bröckelt an den Rändern. Kirche und Theologie in einer multikulturellen Gesellschaft, München 1992, 108–125.

Grözinger, Albrecht: Toleranz und Leidenschaft. Über das Predigen in einer pluralistischen Gesellschaft, Gütersloh 2004.

Hänel, Dagmar: Ein ganz spezieller Beruf – Zur Rolle des Bestatters im Übergangsritual, in: Thomas Klie/Martina Kumlehn/Ralph Kunz/Thomas Schlag (Hg.): Praktische Theologie der Bestattung, Berlin u. a. 2015, 429–437.

Handke, Emilia: Kasualien für Konfessionslose? Einige Überlegungen zu einer herausfordernden Entwicklung, in: Thomas Klie/Folkert Fendler/Hilmar Gattwinkel (Hg.): On Demand. Kasualkultur der Gegenwart, Leipzig 2017, 153–167.

Handke, Emilia: Von einer Amtskirche zu einer Dienstleistungskirche. Auf dem Weg in eine Kasualpraxis der Zukunft, in: Ulrike Wagner-Rau/Emilia Handke (Hg.): Provozierte Kasualpraxis. Rituale in Bewegung, Stuttgart 2019, 179–192.

Happe, Babara: Der Tod gehört mir. Die Vielfalt der heutigen Bestattungskultur und ihre Ursprünge, Berlin 2012.

Happe, Babara: Die Geschichte des Friedhofs, in: Thomas Klie/Martina Kumlehn/Ralph Kunz/Thomas Schlag (Hg.): Praktische Theologie der Bestattung, Berlin u. a. 2015, 253–271.

Happel, Martin: Bestattung neu denken. Ergebnisse einer Umfrage unter Bestatterinnen und Bestattern, in: PTh 105 (2016), 520–537.

Hauschildt, Eberhard: Allgemeines Priestertum und ordiniertes Amt, Ehrenamtliche und Berufstätige, in: PTh 102 (2013), 388–407.

Hauschildt, Eberhard/Pohl-Patalong, Uta: Kirche. Lehrbuch Praktische Theologie 4, Gütersloh 2013.

Hempelmann, Heinzpeter/Schließer, Benjamin/Schubert, Corinna/Weimer, Markus (Hg.): Handbuch Bestattung. Impulse für eine milieusensible kirchliche Praxis, Göttingen [2]2019.

Hermelink, Jan: Die weltliche Bestattung als religiöse Praxis. Was die Kirche von den Bestattern lernen kann, in: BThZ 29 (2012), 208–228.

Janetzky, Birgit: Die Gestaltung ›weltlicher‹ Trauerfeiern, in: Albert Gerhards/Benedikt Kranemann (Hg.): Christliche Begräbnisliturgie und säkulare Gesellschaft, Leipzig [2]2003, 231–251.

Kermani, Navid: Er hörte auf sein Gefühl, in: Der Spiegel 25/2016, 128–129, http://magazin.spiegel.de/EpubDelivery/spiegel/pdf/145417505 (Zugriff am 15.05.2020).

Kirchenamt der EKD (Hg): Engagement und Indifferenz. Kirchenmitgliedschaft als soziale Praxis, Hannover 2014.

Kirchhof Wachenbuchen: Kirchhof an der Kirche, o. J., http://www.buchen-kirche.eu/friedhof-an-der-kirche.php (Zugriff am 22.05.2020).

Klaus, Bernhard/Winkler, Klaus: Begräbnishomiletik. Trauerhilfe, Glaubenshilfe und Lebenshilfe für Hinterbliebene als Dienst der Kirche, München 1975.

Klie, Thomas/Kumlehn, Martina/Kunz, Ralph/Schlag, Thomas (Hg.): Praktische Theologie der Bestattung, Berlin u. a. 2015.

Klie, Thomas/Kühn, Jakob (Hg.): Bestattung als Dienstleistung, Ökonomie des Abschieds, Stuttgart 2019.

Kowalczyk, Charly: Verstorbene ohne Angehörige. Wenn der Staat das letzte Geleit übernimmt, in: deutschlandfunk.de vom 29.05.2019, https://www.deutschlandfunk.

de/verstorbene-ohne-angehoerige-wenn-der-staat-das-letzte.2540.de.html?dram:article_id=448155 (Zugriff am 20.05.2020).

Kunz, Florian: Das Leben ins Bild setzen. Dramaturgisch predigen bei Bestattungen, in: PrTh 49 (2014), 112–122.

Lammer, Kerstin: Trauer verstehen. Formen – Erklärungen – Hilfen, Neukirchen-Vluyn [3]2010.

Landeskirchenamt der Evangelischen Kirche von Kurhessen-Waldeck (Hg.): Agende I. Die Gottesdienste an Sonn- und Feiertagen, Kassel 1996.

Landeskirchenamt der Evangelisch-lutherischen Landeskirche Hannovers (Hg.): Kirchengesetz über die Bestattung, Hannover 2007, https://www.kirchenrecht-evlka.de/document/21164 (Zugriff am 15.05.2020).

Lenz, Rudolf: Zur Funktion des Lebenslaufes in Leichenpredigten, in: Walter Sparn (Hg.): Wer schreibt meine Lebensgeschichte? Gütersloh 1990, 93–104.

Lütze, Frank M.: Lehre uns bedenken, dass wir sterben müssen. Überlegungen zur didaktischen Dimension der Bestattungsrede, in: Thomas Klie/Martina Kumlehn/Ralph Kunz/Thomas Schlag (Hg.): Praktische Theologie der Bestattung, Berlin u. a. 2015, 473–481.

Luther, Henning: Die Lügen der Tröster. Das Beunruhigende des Glaubens als Herausforderung für die Seelsorge, in: PrTh 33 (1998), 163–176.

Luther, Martin: Ein Sermon von der Bereitung zum Sterben (1519), in: Martin Luther: Ausgewählte Schriften Band 2, herausgegeben von Karin Bornkamm und Gerhard Ebeling, Frankfurt/Main 1982, 15–34.

Luther, Martin: Ob man vor dem Sterben fliehen möge (1527), in: Martin Luther: Ausgewählte Schriften Band 2, herausgegeben von Karin Bornkamm und Gerhard Ebeling, Frankfurt/Main 1982, 225–250.

Maaß, Christine: Leichte Sprache. Das Regelbuch, Berlin 2015.

Matthes, Joachim: Volkskirchliche Amtshandlungen, Lebenszyklus und Lebensgeschichte. Überlegungen zur Struktur volkskirchlichen Teilnahmeverhaltens, in: Joachim Matthes (Hg.): Erneuerung der Kirche. Stabilität als Chance? Konsequenzen aus einer Umfrage, Gelnhausen 1975, 83–112.

Meyer-Blanck, Michael: Bestattung als Inszenierungsaufgabe unter besonderer Berücksichtigung von Wort und Zeichen, in: Thema Gottesdienst 18 (2002), 62–74.

Morgan, Gareth: Bilder der Organisation, Stuttgart [4]2008.

Morgenstern, Andrea: Perinataler Tod. Bestattungen von Frühgeborenen. Ein Abschied unter besonderen Bedingungen, in: Thomas Klie/Martina Kumlehn/Ralph Kunz/Thomas Schlag (Hg.): Praktische Theologie der Bestattung, Berlin u. a. 2015, 413–426.

Morgenthaler, Christoph: Systemische Seelsorge. Impulse der Familien- und Systemtherapie für die kirchliche Praxis, Stuttgart 1999.

Museum für Sepulkralkultur: Sterben und Bestatten. Handzettel des Museums für Sepulkralkultur zur Ausstellung »Totenfru. Über Aberglaube und Tod«, Raum 3, o. J.

Neidhart, Walter: Die Rolle des Pfarrers beim Begräbnis, in: Rudolf Bohren (Hg.): Wort und Gemeinde. Probleme und Aufgaben der Praktischen Theologie, FS Eduard Thurneysen, Zürich 1968, 226–235.

Niebergall, Friedrich: Die Kasualrede, Göttingen 1905.

Niebergall, Friedrich: Artikel Kasualien, in: RGG1, Bd 3, Tübingen 1912, 949–957.

Nord, Ilona/Luthe, Swantje: Räume, die Selbstvergewisserung ermöglichen. Virtuelle Bestattungs- und Gedenkräume und ihre Bedeutung für die Diskussion um den Wandel der Bestattungskultur, in: Thomas Klie/Martina Kumlehn/Ralph Kunz/Thomas Schlag (Hg.): Praktische Theologie der Bestattung, Berlin u. a. 2015, 307–328.

Offerhaus, Anke: Klicken gegen das Vergessen – Die Mediatisierung von Trauer- und Erinnerungskultur am Beispiel von Online-Friedhöfen, in: Thomas Klie/Ilona Nord (Hg.): Tod und Trauer im Netz. Mediale Kommunikationen in der Bestattungskultur, Stuttgart 2016, 37–62.

Ordnung des christlichen Begräbnisses. Entwurf. Bearbeitet von der Liturgischen Kammer der Evangelischen Landeskirche von Kurhessen-Waldeck, Kassel 1952.

Paris, Rainer: Konsens: Fiktion und Resonanz. Über einige Wirkungsbedingungen ritueller Kommunikation, in: Josef Kopperschmidt/Helmut Schanze (Hg.): Fest und Festrhetorik. Zu Theorie, Geschichte und Praxis der Epideiktik, München 1999, 267–280.

Pflüger-Scherb, Ulrike: Zahl der Bestattungen ist rückläufig, in: HNA, 27.04.2018, 4.

Pflüger-Scherb, Ulrike: Trauerkultur ändert sich: Viele wollen abends Abschied nehmen, in: HNA, 30.05.2019, 2, https://www.hna.de/kassel/trauerkultur-aendert-sich-viele-abends-abschied-ngz-12332909.html (Zugriff am 15.05.2020).

Pflüger-Scherb, Ulrike: Der Gärtner geht, in: HNA, 07.02.2020, 6, http://www.friedhofsverwaltung-kassel.de/wp-content/uploads/2020/05/Rehs_Der-G%C3%A4rtner-geht_HNA-07.02.2020.pdf (Zugriff am 15.05.2020).

Presse- und Informationsamt der Bundesregierung: Fernsehansprache von Bundeskanzlerin Angela Merkel, 18. März 2020, www.bundesregierung.de/breg-de/aktuelles/fernsehansprache-von-bundeskanzlerin-angela-merkel-1732134 (Zugriff am 15.05.2020).

Preul, Rainer: Kirchentheorie. Wesen, Gestalt und Funktionen der Evangelischen Kirche, Berlin u. a. 1997.

Reinke, Stephan A.: Musik als Lebenshilfe begreifen, in: Lutz Friedrichs (Hg.): Bestattung. Anregungen für eine innovative Praxis, Göttingen 2013, 29–32.

Rietschtel, Georg: Lehrbuch der Liturgik, Band 2: Die Kasualien, Göttingen [2]1952.

Ripke, Simone: Der Bestatterberuf als Profession, in: Thomas Klie/Martina Kumlehn/Ralph Kunz/Thomas Schlag (Hg.): Praktische Theologie der Bestattung, Berlin u. a. 2015, 439–455.

Risto, Karl-Heinz: Beerdigung als Dienstleistung? in: Friedhof und Denkmal 43 (1998), 9–18.

Rosa, Hartmut: Beschleunigung. Die Veränderung der Zeitstrukturen in der Moderne, Frankfurt/Main 2005.

Rosa, Hartmut: »Die Welt antwortet nicht mehr«. Interview mit Peter Meroth, in: Stern-Extra, 5/2009, 22.

Rosa, Hartmut: Unverfügbarkeit, Wien und Salzburg 2018.

Rosenberger, Michael: Tiere bestatten? Theologische Überlegungen zu einem gesellschaftlichen Trend, in: Stimmen der Zeit 8 (2017), 531–539, www.herder.de/stz/hefte/archiv/142-2017/8-2017/tiere-bestatten-theologische-ueberlegungen-zu-einem-gesellschaftlichen-trend/ (Zugriff am 22.05.2020).

Roth, Fritz (Hg.): Einmal Jenseits und zurück. Ein Koffer für die letzte Reise, Gütersloh [3]2008.

Roth, Martin: Kirchliche Trauerbegleitung in der Perspektive der neuen Trauerforschung, in: WzM 66 (2014), 289–305.

Schibilsky, Michael: Trauerwege. Beratung für helfende Berufe, Düsseldorf 1989.

Schmidt, Siegfried J.: Virtuelle Friedhöfe: Erst im Internet bist du wirklich lebendig, in: Fahlenbrach, Kathrin/Ingrid Brück/Anne Bartsch (Hg.): Medienrituale. Rituelle Performanz in Film, Fernsehen und Neuen Medien, Wiesbaden 2008, 281–291.

Schroeter-Wittke, Harald: Übergang statt Untergang. Victor Turners Bedeutung für eine kulturtheologische Praxistheorie, in: ThLZ 128 (2003), 575–588.

Schulz, Claudia/Hauschildt, Eberhard/Kohler, Eike: Milieus praktisch. Analyse- und Planungshilfen für die Kirche und Gemeinde, Göttingen 2008.

Schulz-Ojala, Jan: Der zarte Amtsbestatter. Uberto Pasolinis »Mr May und das Flüstern der Ewigkeit«, in: Der Tagesspiegel, 04.09.2014, https://www.tagesspiegel.de/kultur/uberto-pasolinis-mr-may-und-das-fluestern-der-ewigkeit-der-zarte-amtsbestatter/10648534.html (Zugriff am 15.05.2020).
Sörries, Rainer: Ein halbes Jahrhundert Bestattungspraxis. Von der Experten- zur Laienkultur, in: Heinzpeter Hempelmann/Benjamin Schließer/Corinna Schubert/Markus Weimer (Hg.): Handbuch Bestattung. Impulse für eine milieusensible kirchliche Praxis, Göttingen ²2019, 21–36.
Spiegel, Yorick: Gesellschaftliche Bedürfnisse und theologische Normen. Versuch einer Theorie der Amtshandlungen, in: PrTh 6 (1971), 212–231.
Spiegel, Yorick: Der Prozess des Trauerns, Gütersloh (1973) ⁸1995.
Steck, Wolfgang: Artikel Kasualien, in: TRE 1988, 673–686.
Stier, Kurt: Der Wandel der Bestattungskultur, in: Heinzpeter Hempelmann/Benjamin Schließer/Corinna Schubert/Markus Weimer (Hg.): Handbuch Bestattung. Impulse für eine milieusensible kirchliche Praxis, Göttingen ²2019, 131–136.
Thilo, Hans-Joachim: Beratende Seelsorge. Tiefenpsychologische Methodik dargestellt am Kasualgespräch Göttingen (1971) ³1986.
Thomann, Christoph und Schulz von Thun, Friedemann: Klärungshilfe, Hamburg 1991.
Turner, Victor: Vom Ritual zum Theater. Der Ernst des menschlichen Spiels (1982), Frankfurt/Main 1995.
Turner, Victor: Das Ritual. Struktur und Antistruktur, Frankfurt/Main und New York 2005.
Wagner-Rau, Ulrike: Individuelle Bedürfnislagen in der christlichen Bestattung, in: Kerstin Gernig (Hg.): Bestattungskultur – Zukunft gestalten, Düsseldorf 2004, 39–50.
Wagner-Rau, Ulrike: Auf der Schwelle. Das Pfarramt im Prozess kirchlichen Wandels, Stuttgart 2009.
Weyel, Birgit: Lebensdeutung. Die Bestattungspredigt in empirischer Perspektive, in: Thomas Klie/Martina Kumlehn/Ralph Kunz/Thomas Schlag (Hg.): Praktische Theologie der Bestattung, Berlin u. a. 2015, 121–139.
Winkler, Eberhard: Tore zum Leben. Taufe – Konfirmation – Trauung – Bestattung, Neukirchen-Vluyn 1995.

5 Belletristik, Kinderbuch und Film

Frisch, Max: Fragebogen, Frankfurt/Main 2011
Hacke, Axel: Wozu wir da sind. Walter Wehmuts Handreichungen für ein gelungenes Leben, München 2019.
Handke, Peter: Wunschloses Unglück. Erzählung, Frankfurt/Main 1974.
Mr. May und das Flüstern der Ewigkeit (Originaltitel: Still Life), Regie und Drehbuch: Uberto Pasolini, Vereinigtes Königreich, Italien: Redwave Films, Embargo Films 2013.
Seethaler, Robert: Das Feld, Berlin 2018.
’t Hart, Maarten: Magdalena. Eine Familiengeschichte, München u. a. 2015.
Varley, Susan: Leb wohl, lieber Dachs, München 2012.